中青年经济与管理学者文库

CAISHUI ZHENGCE、YANFA TOURU YU
GONGSI ZHILI SHIZHENG YANJIU

财税政策、研发投入与公司治理实证研究

杨旭东 著

中国财经出版传媒集团
中国财政经济出版社

图书在版编目（CIP）数据

财税政策、研发投入与公司治理实证研究／杨旭东著．－－北京：中国财政经济出版社，2019.9
（中青年经济与管理学者文库）
ISBN 978－7－5095－9260－1

Ⅰ.①财… Ⅱ.①杨… Ⅲ.①财政政策－影响－上市公司－企业管理－研究－中国 ②税收政策－影响－上市公司－企业管理－研究－中国 ③科研开发－资金投入－影响－上市公司－企业管理－研究－中国 Ⅳ.①F279.246

中国版本图书馆CIP数据核字（2019）第212844号

责任编辑：潘　飞　　　　　责任校对：李　丽
封面设计：智点创意

中国财政经济出版社　出版
URL：http：//www.cfeph.cn
E－mail：cfeph@cfemg.cn
（版权所有　翻印必究）
社址：北京市海淀区阜成路甲28号　邮政编码：100142
营销中心电话：010－88191537
北京财经印刷厂印装　各地新华书店经销
880×1230毫米　32开　6.875印张　166 000字
2019年11月第1版　2019年11月北京第1次印刷
定价：32.00元
ISBN 978－7－5095－9260－1
（图书出现印装问题，本社负责调换）
本社质量投诉电话：010－88190744
打击盗版举报热线：010－88191661　QQ：2242791300

策划人语

题记：一个人的精神成长史，取决于他的阅读史。只有阅读能最有效地培养精神生活习惯，而好的习惯又培养性格，性格决定人生。

——我们自豪，因为我们就是创造这精神产品的人。

选择了飞翔，总能看到蓝天；选择了远航，总能感受大海。人生不仅要作出选择，也要坚持住自己的选择。学会计、当编辑是我的意外选择。人说编辑是为人做嫁衣，可是这一选择我坚持了27年，苦在其中，乐在其中，也算是有声有色。每当我把一本本好书呈献给人们的时候，我觉得我是"富贵"的人：富，不是你身上的钱财，而是你心里的满足；贵，不是你地位的显赫，而是你被人需要的程度。

书海探寻，情怀永恒

我要说，做编辑我幸运，因为我不仅是第一个读者，可以对作品"品头论足"，也可以对作品"生杀予夺"；更重要的是，这是一个很高层次的平台，在多年与名家的交往和名著的"对话"中，深深地为他们的人格和才学所感动，被作品的精彩所吸引，这不仅使我"下笔如有神"，更使我的思想和灵魂也受到一次次洗礼和震撼，得到一次次升华。对于我的作者我的书，如数家珍，作者中不乏才学和为人同样过人的多位泰斗和"颜值高责任大"的众多才子佳人；策划的作品不仅立足专业还兼顾人文，也是情怀所在，专业加人文路才会更宽。

多年的体会是，作为一名编辑，起码要"三心二意"，即"责任心、细心、耐心"和"服务意识、创新意识"。要多策划一些有分量的拳头产品，用一个选题推动一个系统工程，用一个系统工程培养一个出版社品牌。给新入职编辑讲座时我做过一个比喻：编辑两项基本功，审稿——甚至要比博导审批学生论文还要全面、细致；选题策划——要像电影导演一样做"星探"，善于发现优秀作者和挖掘好的原创作品。记不得27年来我策划和编辑了多少书，组织和策划了一大批教材、业务培训用书、通俗读物、理论专著等，有的获得过国家、省部级各类奖项，有的以其填补空白、社会热点、风格新颖、开拓尝试等特点受到读者的欢迎。20世纪90年代我开始自主策划选题，多年来每年都有新丛书问世。比如，21世纪初内部控制研究在国内刚兴起时，策划了《现代内部控制丛书》，其中《企业内部控制管理操作手册》是我鼓励作者将自己饱含心血的经过长期钻研和实践并证明卓有成效的成果奉献付梓，使得更多的人能受益于此，这无疑是对我国内部控制理论探索和实践发展的一种贡献，内部控制选题至今还是热点。2013年的《来去无尘——一位财政部长的生前事》所展现的吴波精神，与深入推进党风廉政建设相得益彰，得到中央领导同志的高度重视和重要批示。中央各大主流媒体纷纷连续报道，掀起了全社会学习吴波高尚情操的热潮。2014年至今的前沿选题《财务云丛书》等也越来越受到业界认可。

想是问题，做是答案

众所周知，目前的图书出版业在行业竞争和纸质图书受到严重冲击的情况下，出版人无不感到莫大的危机。在这种背景下，策划一套专业图书是颇感困惑的一件事，风险更大。但即使这样我们也不能因噎废食、停滞不前，还要积极应对，继续发挥纸质图书的固有特质，挖掘出版内容和形式都精彩的原创作品，适应新形势下读者的更高需求。2017年，我们接受新的挑战，开启新的征程，又策划《中青年经济与管理学者文库》《当代税收名家丛书》《中国税务律师系列丛书》《现代管理实务丛书》《高等院校应用型会计人才精细化培养系列教材》等，继续为扶持学术研究和总结最新成果，在高端研究与专业知识普及和应用之间搭建一座座有益的桥梁。

每一个时代的经济环境不同，理论研究和实务探索所需要解决的问题也有所差别。当前我国不仅处于经济结构调整和供给侧改革的攻坚期，同时也处于大数据和互联网突飞猛进的变革期，矛盾叠加，风险交汇，市场环境和组织模式不断演变发展、推陈出新，经济、管理、财税等领域的新理论、新思想、新方法、新工具也层出不穷。乱花渐欲迷人眼，击水三千浪几何？这些领域的研究人员被时代赋予了更艰巨的责任，也面临着更高、更多元的要求，我们不仅要具备更广阔的学术视野，而且要有更严谨的学术思维。

输在犹豫，赢在行动

《中青年经济与管理学者文库》的作者，都是我国经济与管理领域的中坚力量,也是未来的大家。他们中有些人潜心从事理论研究,有些人则深耕在实务一线,但无论现实身份如何,视野全都没有被拘泥在"象牙塔"内。他们从不同视角对市场经济的不同要素进行细致审视,然后汇聚于"财经版"这面旗帜之下,相互碰撞,彼此激荡,力求在市场经济转型升级的关键时期留下最新鲜的"中国印记"。

这些经济与管理领域的中青年学者,就是我国市场经济发展的潜力与优势,他们的研究成果,不仅将引领市场经济的各个组成环节向更科学、更先进的方向发展,而且将成为我国政府和企业在未来经济世界扮演更重要角色的支点与动力。祝愿这些中青年学者能攀上更高的学术之山,走向更远的研究之路,也期待宏观、中观、微观各个层面的市场参与者都能从这套文库中得到切实的启发与指引,在全面深化改革、增强发展活力的关键时期,发挥正能量和积极作用,为经济社会发展增添新的动力!

如果您认可,如果您有意愿,欢迎您和您的朋友加盟我们的作者队伍!在中国财经出版传媒集团的"旗舰"下,中国财政经济出版社这"老字号",一定励精图治,谱写新的篇章。我们用"龙的精神,玉的品质"来助力您实现梦想!

策划人:樊清玉
邮箱:qingyuf@ sina. com
2017 年春

序 言

在国家哲学社会科学基金支持下,杨旭东博士聚焦于经济政策和企业行为的研究,工作十分认真,取得了系列研究成果,得到《财政研究》《税务研究》《审计研究》等重要学术刊物的重视和推荐。为整合和提升这些研究成果,作者对论文进一步梳理和加工,编成《财税政策、研发投入与公司治理实证研究》一书,作为专著出版。

学术研究的任务是创造知识、服务大众。从单篇论文到整合成书,既是作者研究工作不断深入的动力,也是广泛传播学术思想、更好地服务社会实践的努力。

社会科学研究的任务是发现人的行为规律。随着数学在社会科学领域的运用越来越多、信息技术进步带来的数据处理能力越来强、证券市场提供的公开数据越来越丰富，经济研究工作探索真理、发现规律的道路也变得越来越宽广。杨旭东博士以学无止境的精神，在短短的几年内实现了研究方法的转型。他充分利用上市公司的公开数据，探索运用实证研究方法，有效地拓展了研究领域，也提升了研究结论的可靠性。这对于没有经过实证研究方法训练、视实证研究方法为畏途的朋友，无疑是一种鼓舞。

社会主义市场经济体制是社会主义基本经济制度的重要内容。深化经济体制改革的核心，是处理好政府与市场的关系，使市场在资源配置中起决定性作用和更好地发挥政府作用。更好地发挥政府在保持宏观经济稳定、加强和优化公共服务、保障公平竞争、加强市场监管、维护市场秩序、推动可持续发展、促进共同富裕、弥补市场失灵等方面的作用是社会主义市场经济体制的重要特征。考察经济政策作用于企业的行为效应，研究政府在经济生活中的作用规律，是经济学家服务经济实践的重大选择，也是中国特色社会主义经济学题中应有之义。杨旭东博士研究工作的可取之处就在于，他聚焦于财税政策以及公司治理、内部控制等监管政策对于上市公司的行为效应，告诉我们有哪些政策达到了政策目标，又有哪些政策没有达到政策目标，在哪些类型的企业达到了政策目标，又在哪些类型的企业没有达到政策目标，并进行了理论解释。这些研究成果对于完善经济政策、探索更好地发挥政府作用无疑有很大的价值。

市场经济是信息经济，是建立在信息充分披露、充分流通基础上的经济。会计信息是市场经济信息系统中最基础、起支柱作用的子系统。杨旭东博士的研究工作主要是利用上市公司的会计信息。会计信息同时服务于学术研究的职业假设，在这里得到了生动验证。会计行业要加油干，使会计信息更客观、更公允地反映经济现实；同时也要好好干，在设计会计标准、进行职业判断时，要兼顾学术研究工作对会计信息的需求。

是为序。

陈毓圭
2019 年 11 月 6 日

第一章 相关的基础理论	（1）
第一节 财税政策相关理论	（1）
第二节 创新理论	（4）

第二章 研究现状概述	（5）
第一节 财税政策与研发投入关系相关的研究	（5）
第二节 公司治理与研发投入的相关研究	（6）

第三章 财税政策与研发投入	（7）
第一节 财政补贴与研发投入	（7）
第二节 税收优惠与研发投入	（36）

第四章 财税政策与公司治理	（49）
第一节 环保投资与公司实际税负	（49）
第二节 高管激励与实际税负	（69）

第三节　企业避税与财务绩效 …………………………（ 88 ）
　　第四节　企业捐赠与权益资本成本 ………………………（103）

第五章　公司治理——基于内部控制视角 …………………（130）
　　第一节　内部控制与企业可持续发展 ……………………（130）
　　第二节　内部控制与运营效率 ……………………………（147）
　　第三节　内部控制与盈余管理波动性 ……………………（163）

参考文献 ………………………………………………………（184）
后记 ……………………………………………………………（207）

相关的基础理论

第一节 财税政策相关理论

一、政府与市场关系理论

在资源配置的过程中，由谁起主导作用，是政府，还是市场，这是政府与市场关系理论的主要研究内容。在市场经济中，资源通常主要由市场进行配置，但是，总会出现垄断、信息不对称、外部性等市场失灵现象，使得资源的配置不能达到最优状态，此时，政府将主动进行行政干预来弥补市场失灵所带来的缺陷。不过，正如市场会出现失灵现象，政府也可能会出现决策不当、执行效率低下等失灵现象。现有的研究认为，当出现市场失灵时，政府进行适度干预是非常必要的，但是，如果在经济发展过程中政府干预过多，可能反而会影响经济的正常发展，此时，政府应当进行行政改革，通过"放管服""简政放权""政府职能转变"等途径减少过度干预。在我国这一处于发展中和经济转型中的市场经济国家，应当明确政府与市场各自的作用，协调双方关系，使得一方能弥补另一方的缺陷，缓解市场失灵或政府失灵，以促使国民经济协调可持续发展。

二、财政补贴效应理论

（一）财政政策无效论

古典主义认为，社会分工、资本和技术都可以促进国民经济的增长，经济运行应当由市场这一"看不见的手"进行协调与推动，反对政府通过财政赤字和发行债务等手段干预经济运行，并认为市场是资源配置最有效的手段。

新古典主义从边际效用价值理论出发，建立了"均衡价格"理论，认为市场经济的存在如下必要前提：完全市场竞争，充分就业，产品价格和货币工资由市场供求状况决定，并围绕价值上下波动，因此，在完全竞争的市场中，以调节总需求为目的的财政政策不能从根本上影响市场要素的均衡状态，经济运行仍然保持在自然水平附近波动。

财政政策的补偿性理论认为，为了提高投资水平，政府应该主动对经济进行干预：当经济下行或处于衰退期时，应实行扩张性的财政政策，增大财政支出规模，降低税率，缩小财政收入规模，以促进社会总需求的增加，从而促进经济的增长；当经济过于繁荣时，政府则应该实行紧缩性的财政政策，减少财政支出，提高税率，增加财政收入，降低通货膨胀水平，实现经济的平稳健康发展。

（二）财政补贴对企业的影响

政府财政补贴可以直接计入企业的非营业性收入中，将会改变企业的生产经营决策,一般来说,随着所享受财政补贴的增加,企业将会生产更多的产品,财政补贴增加得越多,企业产品生产得就越多,这将导致市场上供给的增加。或者,企业可将所享受到的财政补贴投入研发中,提高新产品研发能力,因此,财政补贴可以促进企业的发展。对于新兴行业或企业来说,由于市场需求可能并不旺盛,人们的接受程度可能也还不高,技术也可能并不成熟,短期内行业或企业的生产很难达到一定规模,但是,政府可通过进行财政补贴增加企业的资金,促进企业的产品生产和技术研发,使得市场不断地扩大。但是,政府财政补贴对企业的影响需要考虑实际的生产经营环境,虽然政府在一定时间内提供财政补贴可以促进企业的发展,但是政府财政补贴既具有正面效应,也具有负面效应,从长远来看,财政补贴可能会使企业产生依赖,从而对企业的发展产生负面效果。

三、税收效应理论

(一)中性效应与非中性效应

税收的中性效应是指政府在设计税制的过程中不考虑或者基本不考虑税收对市场经济的宏观作用,仅仅由市场对资源进行优化配置,政府不施加任何干预,从而在征税过程中不打乱市场经济的正常运行,既不影响人们对商品的抉择,也不影响人们在储蓄和消费间的选择。而与之相反的非中性效应则指出,政府在进行征税时已经改变了市场经济的正常运行,影响了个人对消费品、储蓄、投资以及劳动等的选择,进而冲击到了资源的优化配置以及收入的分配等方面。

(二)税收优惠理论

税收优惠理论主要基于市场失灵理论。市场失灵理论认为,一般而言,市场在"看不见的手"的引导下,可以有效进行资源配置，但是由于垄断、信息不对称、外部性和公共物品等原因的存在，市场将可能失去作用，即为"市场失灵"。20世纪30年代，英国经济学家阿瑟·塞西尔·庇古认为，当市场失灵时，政府应当使用税收、津贴等措施，发挥相应的调节作用。因此，适当的税收优惠不但不会减少政府的税收收入，在一定程度上反而会增加政府的税收收入。

第二节 创新理论

随着经济发展和技术改革进程的逐渐加快，技术创新成为企业发展、社会进步的重要且必要的手段，但是，创新行为和过程受到诸多因素的干扰，具有比较高的风险，如果不能降低其中的风险，可能不利于社会的稳定并可能加大经济波动的幅度。

Schumpeter是第一位提出"创新理论"的学者，他认为，要不断关注创新在社会与发展中的关键地位和作用。同时，Schumpeter提出，由于创新本身对研发团队、投入水平等的要求，通常情况下，创新的风险承担者主要是经营规模比较大、在市场上具有相对垄断地位的公司，因此，技术创新在社会经济的发展过程中扮演着不可忽略的重要角色。

研究现状概述

第一节 财税政策与研发投入关系相关的研究

关于财政政策对企业研发投入的影响问题，国内外学者进行了广泛的探讨，形成了较为丰富的文献。Liu et al. 通过对中国1980—2005年由中央政府颁布的287项政策和2006—2008年颁布的79项政策进行了定量分析发现，中国政府的金融、税收、财政等政策对改善和刺激技术创新越来越重要，中国创新政策的制定呈现出日益复杂的特点。熊维勤运用1995—2008年中国14个高技术产业面板数据的研究表明，税收政策弱化了企业研发活动的期望收益，故不利于提高企业研发活动的效率和扩大研发活动规模，而同一所得税抵扣政策可以有效提高研发活动规模。Mamuneas et al. 研究表明，财政政策可通过利益机制来影响企业研发经费投入的动力机制，降低其投资风险性，增加投资收益，进而刺激企业加大研发经费的投入。大多数学者的研究表明，税收减免政策和政府补贴政策对企业研发经费投入具有正向的积极作用。然而，也有一些学者的研究结论与之相反，例如，许治等采用系统动力学方法对广东省内 80 家企业样本进行分析提出，政府研发投入会产生杠杆效应，带动企业研发投入，但企业则因对政府研发投入的过度依赖而产生挤出效应，从而不利于企业自身的研发投入。故现有的关于政府财政激励政策对企业研发经费投资影响的研究结论间出现了冲突。

第二节　公司治理与研发投入的相关研究

对于总经理两职合一与企业研发投入之间的关系，Zahra et al.（2000）、党政军（2012）等一系列学者持反对态度，他们认为，两职合一将会导致决策权的过度集中，容易导致组织僵化、决策独断，最终不利于企业的研发活动。刘伟等（2007）在以信息技术企业为样本的研究中也发现，两职合一的公司对技术研发的投入显著低于两职分离的公司。相反的，另一部分学者则持积极态度，他们认为，总经理两职合一能够促进企业对研发的投入。张宗益等（2007）的研究表明，两职合一能够给与总经理一定程度的自由决策权，有助于他们根据市场的需要迅速作出恰当的研发决策，提高企业竞争力。

财税政策与研发投入

第一节 财政补贴与研发投入

近年来，我国的经济环境发生了很大的变化，经济压力日益剧增，依靠低劳动力成本、低土地成本、低资金成本等要素投入的低水平、数量型规模扩张助推经济快速增长的"要素红利"时代已经告一段落，只有顺应经济新常态下的发展逻辑，适应经济环境的变化，才能提升经济整体的质量和效益，进而实现我国经济的可持续健康发展。

具体到处于供给侧的企业层面，要想顺利完成"三去一降一补"的重要任务，除了利用好政府在宏观层面的调控政策之外，企业自身也应当采取合适的方法与手段，促使其生产经营活动健康持续发展。当然，企业可选择的方法与手段很多，而技术创新与企业的产能、库存、杠杆和成本都存在十分密切的关系，在市场竞争日益激烈的新形势下缺乏技术创新能力，也将形成企业生产经营活动中新的短板。因此，技术创新是企业顺应经济新常态下的发展逻辑，以保持其生产经营活动可持续健康发展的内在要求，现阶段，进一步探究企业的技术创新及其影响因素具有十分重要的意义。

现有的关于财政补贴与企业技术创新关系的研究，主要存在以下观点：其一，财政补贴可以有效地解决市场失灵，引导与促进企业加大技术创新投入，因此，财政补贴显著地促进了企业的技术创新；其二，财政补贴挤占了企业自身的技术创新投入，补贴力度越大，挤占效应越明显。

现有研究存在的一个重要问题是没有考虑到企业所处市场环境的不同而导致其面临的环境不确定性的差异。在市场经济体制下，企业的生产经营活动总是伴随着或多或少的风险，因此，对企业的自由现金流水平等应付风险的能力存在一定的要求，从而使得企业的技术创新投入在面临的风险不同时存在较大的差异，进而影响到企业技术创新的能力与实际效果。

一、理论分析与研究假设

（一）财政补贴与企业技术创新

现有的研究表明，政府财政补贴对企业技术创新的影响，主要有两种结果。其一，财政补贴可以有效地解决市场失灵，引导与促进企业加大技术创新投入，因此，财政补贴显著地促进了企业的技术创新。政府的研发补贴与企业的技术创新投入呈现互补的状态，政府的研发补贴力度越大，企业的技术创新投入越多；政府财政补贴能够矫正企业技术创新的外部性，降低企业技术创新的投资成本，分担企业技术创新的投资风险并解决企业技术创新的流动性,因此是企业技术创新的有效激励手段;政府财政补贴能在一定程度上缓解技术创新的外部性,即财政补贴能够诱导企业提高技术创新投入;企业技术创新投入的产出弹性是政府研发资助的4到5倍,即政府的研发资助促进了企业的技术创新投入。其二,财政补贴挤占了企业自身的技术创新投入,补贴力度越大,挤占效应越明显,尤其是对于在技术和市场上处于优势地位的企业来说,挤占效应更为明显。企业可能为了能够获得政府的财政补贴而调整其自身的研发计划,而政府给企业提供研发补贴将会挤占企业自身的技术创新投入强度;随着政府研发补贴力度的加大,对本土企业技术创新投入的挤出效应越明显,进而,对于在技术创新和市场份额上处于优势地位的企业,政府研发补贴会挤出其自身的技术创新投入。

本节认为,在实践中,政府的财政补贴主要是一种研发补贴,对于希望加大技术创新投入进行技术创新而又对其溢出效应和风险等问题存在顾虑的企业来说,政府财政补贴显然发挥了"定心丸"的作用,实质上能促进企业加大技术创新投入;而且,政府的财政补贴是一种转移支付形式,虽然可能会使企业技术创新投入中自筹资金的比重降低,但企业总的技术创新投入并不会减少,反而有可能会增加;此外,即使政府财政补贴在短期内可能存在一定程度的挤出效应,但从企业长期的发展情况来看,其对企业的技术创新投入是存在积极的正向影响的。

基于以上分析,本节提出以下待检验的假设3-1-1:财政补贴促进了企业的技术创新投入。

(二) 环境不确定性、财政补贴与企业技术创新

企业的生产经营活动离不开特定的市场环境,市场环境受多

种因素的影响而发生变化，从而导致企业面临的市场形势也随之变化，并进而对其经营业绩产生显著影响。不确定性是企业外部环境最为显著的特征，来自企业的客户、供应商、竞争者等利益相关者行为的不可预测性是企业经营环境不确定性最主要的来源，环境不确定性限制了企业事前规划以及选择行动方案的能力，增加了企业各种战略失败的风险，使企业很难计算与各种战略选择方案有关的成本和概率。

当企业所在的市场形势较好时，其面临的环境不确定性就较低，因此，企业能及时准确地获得关于市场形势变化的数据，也能准确地对技术变革等环境因素进行预测，从而能作出正确的生产经营决策，保证其经营绩效的稳定与增长。此时，企业能实现更好的长期业绩，带来较高的现金流收益，也能进一步降低企业面临的风险，企业也有足够的资金加大技术创新投入。由于经营风险和财务风险相对较低，其管理层也愿意承担加大技术创新投入而带来的额外风险。因此，此时企业本身的技术创新投入就相对较高，虽然政府财政补贴也能促进企业进一步加大技术创新投入，但是，这种促进关系的显著性就不会特别高。

反之，当企业面临的环境不确定性较高时，将使企业盈余的波动性增强，导致其盈余难以预测，并降低盈余的持续性，引发企业股价的波动，降低企业价值，从而给企业的战略制定带来难度，影响其战略目标的实施；同时，增加了信息不对称的程度，使管理者缺乏足够的信息去评估风险，难以估计外部环境的变化可能会带来的收益与成本，从而使管理层面临的决策失败的风险大大增加。因此，当企业面临的环境不确定性较高时，由于面临较大的经营风险和较差的财务状况，经营业绩不佳，自由现金流水平显著降低，企业管理层也不愿意承担加大技术创新投入而带来的额外风险。但是，如果此时企业能获得政府的财政补贴，将此作为其技术创新的坚实后盾,必将显著增加其技术创新投入水平。

综上所述,本节提出以下待检验的假设 3-1-2:当企业面临的环境不确定性不同时,财政补贴对其技术创新投入的影响存在异质性,同等数额的政府财政补贴给面临环境不确定性较高的企业所带来的技术创新投入的促进作用相对于面临环境不确定性较低的企业更大。

二、研究设计

(一) 研究模型

为了检验本节的研究假设,构建了以下 3 个实证模型,模型 (3-1-1) 用来验证假设 3-1-1,模型 (3-1-2) 和模型 (3-1-3) 用来验证假设 3-1-2。

$$RD = \beta_0 + \beta_1 GS + \beta_2 EU + \beta_{3j} Controls_j + \varepsilon \quad (3-1-1)$$

$$RD = \beta_0 + \beta_1 GS + \beta_2 GS \times EU + \beta_3 EU + \beta_{4j} Controls_j + \varepsilon \quad (3-1-2)$$

$$RD = \beta_0 + \beta_1 GS + \beta_2 GS \times HiEU + \beta_3 HiEU + \beta_4 EU + \beta_{5j} Controls_j + \varepsilon \quad (3-1-3)$$

上述三式中,变量 RD 表示企业的技术创新投入,分别用企业技术创新投入与总资产的比值(RD_TA)和企业技术创新投入与营业收入的比值(RD_OI)表示;GS 表示企业的财政补贴,分别用企业获得的财政补贴额与总资产的比值(GS_TA)和企业获得的财政补贴额与营业收入的比值(GS_OI)表示;EU 表示企业面临的环境不确定性,采用企业过去 5 年剔除正常增长部分并经行业调整之后销售收入的标准差来度量;HiEU 为虚拟变量,当企业面临的环境不确定性较高时取值为 1,否则取值为 0;Controls 表示一系列的控制变量;此外,回归中,本节还控制了行业和年度。在模型（3-1-1）中，预期 β_1 显著为正；在模型（3-1-2）和模型（3-1-3）中，预期 β_2 显著为正。

（二）环境不确定性的衡量方法

本节采用环境不确定性作为市场形势的代理变量。对于企业所在环境的不确定性有多种衡量方法，目前并没有统一标准，本节用企业过去 5 年销售收入的标准差经行业调整并剔除销售收入中稳定成长部分的值来衡量企业的环境不确定性。具体模型如下：

$$Sale = \beta_0 + \beta_1 Year + \varepsilon \qquad (3-1-4)$$

其中，Sale 是销售收入，Year 是年度变量，如果观测值分别是过去第四、第三、第二、第一年和本年的观测值，Year 分别取值为 1、2、3、4 和 5。首先，该模型 OLS 回归的残差代表企业的非正常销售收入，用企业过去 5 年非正常销售收入的标准差除以过去 5 年销售收入的平均值，就得到未经行业调整的环境不确定性；然后，分行业和年度计算企业未经行业调整的环境不确定性的中位数，表示企业所在行业的环境不确定性；最后，用企业未经行业调整的环境不确定性除以行业环境不确定性，得到企业经行业调整后的环境不确定性（EU）。

对 EU 计算中位数，并建立环境不确定性虚拟变量 HiEU，对于 EU 大于等于其中位数的样本，HiEU 取值为 1，否则取值为 0。

（三）变量定义及说明

本节所使用变量的详细定义及说明见表 3-1-1。

表 3-1-1　　　　　　　　变量定义及说明

变量符号	变量名称	计算方法与说明
RD_TA	研发支出与总资产比	企业当年新增研发支出除以总资产
RD_OI	研发支出与营业收入比	企业当年新增研发支出除以营业收入

续表

变量符号	变量名称	计算方法与说明
GS_TA	财政补贴与总资产比	财政补贴除以总资产
GS_OI	财政补贴与营业收入比	财政补贴除以营业收入
EU	环境不确定性	企业过去5年剔除正常增长部分并经行业调整之后销售收入的标准差,该变量值越大,表示企业面临的环境不确定性越大
HiEU	高环境不确定性	虚拟变量,环境不确定性高的取值为1,否则取值为0
Size	企业规模	总资产的自然对数
Lev	资产负债率	负债合计除以总资产
ROE	净资产收益率	净利润除以净资产
Cash	经营活动现金流	经营活动产生的现金流量净额除以总资产
TobinQ	成长性	市值除以总资产
TA_Ratio	总资产周转率	营业总收入除以总资产
Share1	第一大股东持股比例	第一大股东持股数占总股数的比例
ShareZ	股权制衡度	第一大股东与第二大股东持股比例的比值
State	产权性质	虚拟变量,国有产权的值取1,否则值取0
Age	企业上市年限	处理年份减去上市年份

(四) 样本选择与处理

本节使用2012年至2015年中国A股的创业板与中小板上市公司作为样本,来研究政府财政补贴对企业技术创新投入的影响。研究数据来源于CSMAR数据库,对于研发支出和财政补贴数据缺失的样本,用Wind数据库的数据补充,补充后仍然缺失的样本，认为其没有进行研发投入，也没有获得财政补贴，将其值置为0。参照以往的研究，本节剔除了ST及＊ST的上市公司，并删除了相关变量缺失的样本，处理后得到有效企业年度样本3864个。为消除离群值的影响、保证结果的稳健性，所有的连续变量都进行了（1％，99％）的缩尾处理。

三、实证分析

（一）描述性统计

表3－1－2的变量描述性统计结果显示：（1）企业技术创新投入与总资产的比值 RD_TA 的最小值和最大值分别为0和0.074、均值和中位数分别为0.015和0.013，企业技术创新投入与营业收入的比值 RD_OI 的最小值和最大值分别为0和0.212、均值和中位数分别为0.033和0.029，说明我国中小上市公司的技术创新投入比重总体上并不高，创新能力还有待进一步提升。（2）企业获得的财政补贴额与总资产的比值 GS_TA 的最小值和最大值分别为0和0.035，均值和中位数分别为0.006和0.004；企业获得的财政补贴额与营业收入的比值 GS_OI 的最小值和最大值分别为0和0.093，均值和中位数分别为0.015和0.008，说明我国中小上市公司获得的财政补贴的比重总体上并不高，而且多数上市公司获得的财政补贴低于均值，财政补贴对部分上市公司技术创新投入的促进作用可能相对有限。

表3－1－2　　　　　　描述性统计

变量	样本数	均值	标准差	最小值	中位数	最大值
RD_TA	3864	0.015	0.016	0.000	0.013	0.074
RD_OI	3864	0.033	0.038	0.000	0.029	0.212
GS_TA	3864	0.006	0.007	0.000	0.004	0.035

续表

变量	样本数	均值	标准差	最小值	中位数	最大值
GS_OI	3864	0.015	0.018	0.000	0.008	0.093
EU	3864	1.121	1.058	0.000	0.918	5.853
HiEU	3864	0.500	0.500	0.000	0.500	1.000
Size	3864	21.460	0.809	19.870	21.380	23.770
Lev	3864	0.334	0.184	0.035	0.313	0.798
ROE	3864	0.067	0.071	-0.257	0.066	0.250
Cash	3864	0.042	0.064	-0.139	0.041	0.212
TobinQ	3864	2.868	2.184	0.382	2.182	12.380
TA_Ratio	3864	0.573	0.334	0.126	0.496	1.961
Share1	3864	0.347	0.138	0.105	0.333	0.704
ShareZ	3864	6.047	8.022	1.000	3.145	50.140
State	3864	0.105	0.306	0.000	0.000	1.000
Age	3864	3.950	2.285	0.000	4.000	11.000

(二) 主要变量相关系数

表3-1-3的主要变量相关系数显示：(1) 政府财政补贴 (GS_TA、GS_OI) 与企业技术创新投入 (RD_TA、RD_OI) 呈显著的正相关关系，相关系数分别为0.247、0.259和0.152、0.374，初步说明政府财政补贴力度越大，对企业技术创新投入的促进作用越显著，符合此前的预期。(2) 环境不确定性 (EU) 与企业技术创新投入 (RD_TA、RD_OI) 呈显著的负相关关系，相关系数分别为-0.110和-0.048，初步说明，当企业面临的环境不确定性较高时，为了保证其应对较差市场形势带来的不利影响的能力，企业的管理层通常不再愿意增加成本和风险均较大的技术创新投入，也与此前的预期一致。(3) 环境不确定性 (EU) 以及高环境不确定性 (HiEU) 与政府财政补贴

（GS_TA、GS_OI）的相关关系并不一致且不全显著，说明政府是否向企业提供财政补贴与企业所面临的环境不确定性之间没有必然联系。(4) 除了财政补贴的两个变量和研发支出的两个变量相互之间存在较高的相关关系之外（相关系数分别为0.784和0.834），其余变量大多数虽存在显著相关性，但相关系数并不高，基本上均在0.5以下，初步说明本节的研究模型基本上不存在共线性问题。

表3-1-3　　　　　　主要变量相关系数

	RD_TA	RD_OI	GS_TA	GS_OI	EU	HiEU	Size	Lev
RD_OI	0.784***							
GS_TA	0.247***	0.259***						
GS_OI	0.152***	0.374***	0.834***					
EU	-0.110***	-0.048***	-0.009	0.045***				
HiEU	-0.088***	-0.034**	-0.001	0.037**	0.663***			
Size	-0.197***	-0.245***	-0.143***	-0.166***	0.151***	0.106***		
Lev	-0.168***	-0.295***	-0.121***	-0.201***	0.141***	0.103***	0.545***	
ROE	0.100***	-0.013	0.110***	-0.011	-0.115***	-0.133***	0.159***	-0.113***

（三）回归结果

1. 政府财政补贴影响企业技术创新投入的回归结果。表3-1-4报告了模型（3-1-1）的回归结果：首先，调整后的R方、F值与p值表明模型的拟合程度较高，模型设定较为合理；其次，企业技术创新投入（RD_TA、RD_OI）对政府财政补贴（GS_TA、GS_OI）回归的系数分别为0.3358、0.1113、0.8347和0.4751，对应的T值分别为10.50、8.85、10.75和15.89，政府财政补贴与企业技术创新投入均在1%的显著性水平呈现正相关关系，此回归结果验证了本节的假设3-1-1，即政府财政补贴对企业的技术创新投入有着显著的促进作用。

从表 3-1-4 还可以看到,企业面临的环境不确定性与其技术创新投入呈显著的负相关关系,显著性水平在 5% 及以上,说明企业面临的环境不确定性越高,其管理层进行技术创新投入的动机越弱,与此前的分析完全一致,其他的控制变量回归结果也基本与以往的研究一致。

表 3-1-4　　财政补贴影响企业技术创新投入的回归结果

变量	RD_TA	RD_TA	RD_OI	RD_OI
GS_TA	0.3358*** (10.50)		0.8347*** (10.75)	
GS_OI		0.1113*** (8.85)		0.4751*** (15.89)
EU	-0.0009*** (-4.35)	-0.0010*** (-4.60)	-0.0011** (-2.20)	-0.0013*** (-2.69)
Size	-0.0001 (-0.22)	-0.0002 (-0.61)	0.0014 (1.61)	0.0012 (1.36)
Lev	-0.0086*** (-5.66)	-0.0078*** (-5.13)	-0.0334*** (-9.06)	-0.0309*** (-8.52)
ROE	0.0027 (0.77)	0.0051 (1.47)	-0.0234*** (-2.80)	-0.0186** (-2.27)
Cash	0.0083** (2.30)	0.0091** (2.53)	0.0169* (1.93)	0.0190** (2.20)
TobinQ	0.0004*** (2.94)	0.0005*** (3.30)	0.0010*** (2.84)	0.0008** (2.52)
TA_Ratio	0.0094*** (12.66)	0.0112*** (14.46)	-0.0223*** (-12.32)	-0.0145*** (-7.87)

续表

变量	RD_TA	RD_TA	RD_OI	RD_OI
Share1	-0.0051***	-0.0055***	-0.0098**	-0.0099**
	(-2.79)	(-2.96)	(-2.19)	(-2.25)
ShareZ	0.0000	0.0000	0.0000	0.0000
	(0.92)	(0.84)	(0.29)	(0.20)
State	0.0009	0.0011	0.0001	0.0002
	(1.25)	(1.58)	(0.06)	(0.13)
Age	0.0003***	0.0003***	0.0003	0.0003
	(2.82)	(3.04)	(0.94)	(0.97)
行业, 年度	控制	控制	控制	控制
_cons	0.0101	0.0119	0.0190	0.0163
	(1.33)	(1.57)	(1.03)	(0.90)
N	3864	3864	3864	3864
r2_a	0.3543	0.3490	0.3459	0.3678
F	76.6861	74.9548	73.9537	81.2606
p	0.0000	0.0000	0.0000	0.0000

注: *** 表示 1% 的显著性水平, ** 表示 5% 的显著性水平, * 表示 10% 的显著性水平。

2. 环境不确定性影响政府财政补贴与企业技术创新投入关系的回归结果。表 3-1-5 第 (1) 列至第 (4) 列报告了模型 (3-1-2) 的回归结果。企业技术创新投入 (RD_TA、RD_OI) 对政府财政补贴 (GS_TA、GS_OI) 回归的系数分别为 0.3219、0.1032、0.8331 和 0.5009, 对应的 T 值分别为 7.23、5.91、7.71 和 12.08, 政府财政补贴与企业技术创新投入仍然均在 1% 的显著性水平呈现正相关关系。企业技术创新投入对政府财政补贴与环境不确定性交互项 (GS_TA×EU、GS_OI×EU) 回归的系数分别为 0.0120、0.0063、0.0014 和 0.0199，对应的 T 值分别为 1.45、1.67、1.02 和 1.90，政府财政补贴和环境不确定性的交互项均与企业技术创新投入呈现正相关关系，但是，只有 GS_OI×EU 与 RD_TA 和 RD_OI 的正相关关系在 10% 的水平上显著，其他两对的正相关关系均不显著。

以上结果可能意味着，虽然随着企业所面临的环境不确定性逐渐升高，政府财政补贴对企业技术创新投入的促进作用也在增大，但这种促进作用并不完全同步。政府财政补贴并不能完全抵消环境不确定性给企业带来的风险，企业管理层在进行技术创新投入的决策时，除了考虑政府财政补贴带来的积极作用之外，还会考虑环境不确定性带来的消极作用。

表 3-1-5 第（5）列至第（8）列报告了模型（3-1-3）的回归结果。企业技术创新投入（RD_TA、RD_OI）对政府财政补贴（GS_TA、GS_OI）回归的系数分别为 0.2841、0.0905、0.6961 和 0.4482，对应的 T 值分别为 6.40、5.09、6.46 和 10.59，政府财政补贴与企业技术创新投入仍然均在 1% 的显著性水平呈现正相关关系。企业技术创新投入对政府财政补贴与环境不确定性虚拟变量交互项（GS_TA×HiEU、GS_OI×HiEU）回归的系数分别为 0.1020、0.0373、0.2722 和 0.0482，对应的 T 值分别为 1.70、1.65、1.87 和 1.90，政府财政补贴和环境不确定性虚拟变量的交互项均与企业技术创新投入呈现正相关关系，且在 10% 的水平上显著。

此结果表明，同等数额的政府财政补贴给处于不同的环境不确定性中的企业所带来的技术创新投入的促进作用是不同的，具体来说，相对于面临环境不确定性较低的企业，同等数额的政府财政补贴给面临环境不确定性较高的企业所带来的技术创新投入的促进作用更大。

表 3-1-5　环境不确定性影响政府财政补贴与企业技术创新投入关系的回归结果

变量	RD_TA (1)	RD_TA (2)	RD_OI (3)	RD_OI (4)	RD_TA (5)	RD_TA (6)	RD_OI (7)	RD_OI (8)
GS_TA	0.3219*** (7.23)	0.1032*** (5.91)	0.8331*** (7.71)		0.2841*** (6.40)	0.0905*** (5.09)	0.6961*** (6.46)	
GS_OI				0.5009*** (12.08)				0.4482*** (10.59)
EU	-0.0010*** (-3.60)	-0.0011*** (-4.08)	-0.0011* (-1.69)	-0.0010 (-1.61)	-0.0007** (-2.48)	-0.0008*** (-2.82)	-0.0007 (-1.13)	-0.0010 (-1.60)
GS_TA×EU	0.0120 (1.45)	0.0063* (1.67)	0.0014 (1.02)					
GS_OI×EU				0.0199* (1.90)				
HiEU					-0.0015** (-2.21)	-0.0013** (-2.00)	-0.0030* (-1.89)	-0.0018 (-1.21)
GS_TA×HiEU					0.1020* (1.70)		0.2722* (1.87)	

续表

变量	RD_TA (1)	RD_TA (2)	RD_OI (3)	RD_OI (4)	RD_TA (5)	RD_TA (6)	RD_OI (7)	RD_OI (8)
GS_OI × HiEU						0.0373 * (1.65)		0.0482 * (1.90)
Size	−0.0001 (−0.22)	−0.0002 (−0.61)	0.0014 (1.61)	0.0012 (1.36)	−0.0001 (−0.19)	−0.0002 (−0.62)	0.0014 (1.65)	0.0012 (1.35)
Lev	−0.0086*** (−5.65)	−0.0078*** (−5.13)	−0.0334*** (−9.06)	−0.0309*** (−8.53)	−0.0087*** (−5.70)	−0.0079*** (−5.16)	−0.0335*** (−9.10)	−0.0309*** (−8.53)
ROE	0.0027 (0.77)	0.0052 (1.49)	−0.0234*** (−2.80)	−0.0189** (−2.30)	0.0024 (0.68)	0.0050 (1.44)	−0.0239*** (−2.86)	−0.0188** (−2.29)
Cash	0.0082** (2.28)	0.0091** (2.51)	0.0169* (1.93)	0.0192** (2.23)	0.0083** (2.30)	0.0092** (2.53)	0.0168* (1.92)	0.0190** (2.21)
TobinQ	0.0004*** (2.94)	0.0005*** (3.32)	0.0010*** (2.83)	0.0008** (2.47)	0.0004*** (2.92)	0.0005*** (3.30)	0.0010*** (2.84)	0.0008** (2.51)
TA_Ratio	0.0094*** (12.65)	0.0112*** (14.44)	−0.0223*** (−12.31)	−0.0145*** (−7.84)	0.0094*** (12.58)	0.0112*** (14.37)	−0.0224*** (−12.38)	−0.0146*** (−7.91)

续表

变量	RD_TA (1)	RD_TA (2)	RD_OI (3)	RD_OI (4)	RD_TA (5)	RD_TA (6)	RD_OI (7)	RD_OI (8)
Share1	-0.0051*** (-2.79)	-0.0055*** (-2.96)	-0.0098** (-2.19)	-0.0099** (-2.25)	-0.0052*** (-2.81)	-0.0055*** (-2.97)	-0.0099** (-2.21)	-0.0099** (-2.26)
ShareZ	0.0000 (0.92)	0.0000 (0.84)	0.0000 (0.29)	0.0000 (0.19)	0.0000 (0.98)	0.0000 (0.91)	0.0000 (0.35)	0.0000 (0.24)
State	0.0009 (1.25)	0.0011 (1.58)	0.0001 (0.06)	0.0002 (0.12)	0.0009 (1.24)	0.0011 (1.56)	0.0001 (0.05)	0.0002 (0.12)
Age	0.0003*** (2.81)	0.0003*** (3.04)	0.0003 (0.94)	0.0003 (0.97)	0.0003*** (2.89)	0.0004*** (3.11)	0.0003 (0.97)	0.0003 (1.02)
行业、年度	控制	控制	控制	控制	控制	控制	控制	控制
_cons	0.0101 (1.33)	0.0121 (1.59)	0.0190 (1.03)	0.0159 (0.88)	0.0103 (1.36)	0.0125 (1.64)	0.0193 (1.05)	0.0171 (0.94)
N	3864	3864	3864	3864	3864	3864	3864	3864
r2_a	0.3541	0.3489	0.3457	0.3678	0.3548	0.3494	0.3463	0.3677
F	74.0332	72.3755	71.3849	78.4825	71.8062	70.1586	69.2187	75.8878
p	0.0000	0.0000	0.0000	0.0000	0.0000	0.0000	0.0000	0.0000

注：*** 表示1%的显著性水平，** 表示5%的显著性水平，* 表示10%的显著性水平。

综合表 3-1-5 报告的模型（3-1-2）和模型（3-1-3）的回归结果以及上述分析可知，企业面临的环境不确定性是其获得的政府财政补贴与其技术创新投入之间关系的调节性影响因素。随着环境不确定程度的升高，政府财政补贴对企业技术创新投入的促进作用有所增大，尤其是对处于不同的环境不确定性中的企业来说，同等数额的政府财政补贴给它们所带来的技术创新投入的促进作用存在显著差异，同等数额的政府财政补贴给面临环境不确定性较高的企业所带来的技术创新投入的促进作用相对于面临环境不确定性较低的企业更大。此结果验证了本节的假设 3-1-2。

（四）稳健性检验

为了检验本节结论的可靠性，本节进行了以下的稳健性检验：

1. 只保留披露了财政补贴与研发投入的样本。在前文的分析中，出于保证样本量的考虑，本节对研发支出和财政补贴数据缺失的样本进行了相应的处理。如果样本企业的这两项数据缺失，本节先用 Wind 数据库的数据补充，补充后仍然缺失的样本，本节认为其没有进行研发投入，也没有获得财政补贴，将其值置为 0。这样的处理方式可能会导致回归结果出现偏误，因此，在此处的稳健性检验中，本节删除了用 Wind 数据库的数据补充后这两项数据仍然缺失的 851 个样本，只保留披露了财政补贴与研发投入的共计 3013 个企业年度样本并对其进行回归，回归结果见表 3-1-6 和表 3-1-7。

由表 3-1-6 可知，政府财政补贴与企业技术创新投入仍均在 1% 的显著性水平呈现正相关关系，此回归结果进一步验证了本节的假设 3-1-1。

表 3-1-6　财政补贴影响企业技术创新投入的稳健性检验

变量	RD_TA	RD_TA	RD_OI	RD_OI
GS_TA	0.3690*** (10.03)		0.8581*** (9.55)	
GS_OI		0.1219*** (8.37)		0.5156*** (14.88)
EU	-0.0011*** (-4.14)	-0.0011*** (-4.28)	-0.0011* (-1.83)	-0.0014** (-2.36)
Size	-0.0007 (-1.53)	-0.0009** (-2.02)	0.0013 (1.20)	0.0008 (0.83)
Lev	-0.0105*** (-5.72)	-0.0094*** (-5.08)	-0.0407*** (-9.07)	-0.0373*** (-8.51)
ROE	0.0081* (1.88)	0.0108** (2.49)	-0.0281*** (-2.66)	-0.0226** (-2.19)
Cash	0.0101** (2.32)	0.0109** (2.51)	0.0179* (1.69)	0.0191* (1.84)
TobinQ	0.0007*** (3.97)	0.0008*** (4.35)	0.0022*** (4.96)	0.0020*** (4.57)
TA_Ratio	0.0128*** (14.49)	0.0148*** (15.99)	-0.0263*** (-12.17)	-0.0176*** (-7.98)
Share1	-0.0052** (-2.34)	-0.0056** (-2.53)	-0.0068 (-1.26)	-0.0064 (-1.22)
ShareZ	0.0001 (1.34)	0.0000 (1.27)	0.0000 (0.40)	0.0000 (0.34)
State	0.0024*** (2.73)	0.0027*** (3.15)	0.0027 (1.30)	0.0030 (1.46)

续表

变量	RD_TA	RD_TA	RD_OI	RD_OI
Age	0.0003**	0.0003**	0.0004	0.0003
	(2.04)	(2.19)	(1.13)	(1.02)
行业，年度	控制	控制	控制	控制
_cons	0.0202**	0.0235***	0.0257	0.0258
	(2.25)	(2.61)	(1.17)	(1.21)
N	3013	3013	3013	3013
r2_a	0.2510	0.2435	0.2937	0.3224
F	37.0403	35.6227	45.7309	52.1846
p	0.0000	0.0000	0.0000	0.0000

注：*** 表示1%的显著性水平，** 表示5%的显著性水平，* 表示10%的显著性水平。

由表3-1-7可知，GS_TA×EU、GS_OI×EU以及GS_TA×HiEU、GS_OI×HiEU与RD_TA、RD_OI的正相关关系均有所增强，此回归结果进一步验证了本节的假设3-1-2。

2. 使用财政补贴与研发投入实际数的自然对数进行回归。为了消除企业规模以及盈利能力不同的影响，本节在计算财政补贴与研发投入时，分别除以总资产和营业收入。本节使用财政补贴与研发投入实际数的自然对数进行回归，回归结果见表3-1-8。

由表3-1-8可知，LN_GS、LN_GS×EU和LN_GS×HiEU均与LN_RD正相关，显著性水平为5%及以上，此回归结果进一步验证了本节的假设3-1-1和假设3-1-2。

3. 将解释变量和控制变量滞后一期进行回归。在实际的工作中，在财政补贴促进企业更多地进行研发投入之外，企业创新支出较多，导致解释变量和被解释变量之间可能存在双向因果关

表 3-1-7　环境不确定性影响政府财政补贴与企业技术创新投入关系的稳健性检验

变量	RD_TA (1)	RD_TA (2)	RD_OI (3)	RD_OI (4)	RD_TA (5)	RD_TA (6)	RD_OI (7)	RD_OI (8)
GS_TA	0.3465*** (6.67)		0.8881*** (7.01)		0.3008*** (5.90)		0.7067*** (5.68)	
GS_OI		0.1075*** (5.33)		0.5367*** (11.19)		0.0878*** (4.29)		0.4634*** (9.51)
EU	-0.0012*** (-3.47)	-0.0013*** (-3.99)	-0.0009 (-1.13)	-0.0011 (-1.45)	-0.0008** (-2.32)	-0.0009*** (-2.61)	-0.0009 (-1.07)	-0.0013 (-1.61)
GS_TA×EU	0.0198* (1.72)		0.0263 (1.34)					
GS_OI×EU		0.0112** (2.03)		0.0164*** (2.64)				
HiEU					-0.0019** (-2.38)	-0.0018** (-2.38)	-0.0030 (-1.54)	-0.0021 (-1.21)
GS_TA×HiEU					0.1344* (1.96)		0.2966* (1.77)	

续表

变量	RD_TA (1)	RD_TA (2)	RD_OI (3)	RD_OI (4)	RD_TA (5)	RD_TA (6)	RD_OI (7)	RD_OI (8)
GS_OI×HiEU						0.0613** (2.37)		0.0938** (2.52)
Size	-0.0006 (-1.52)	-0.0009** (-2.00)	0.0012 (1.19)	0.0008 (0.82)	-0.0006 (-1.51)	-0.0009** (-2.03)	0.0013 (1.23)	0.0008 (0.83)
Lev	-0.0105*** (-5.70)	-0.0093*** (-5.06)	-0.0407*** (-9.08)	-0.0374*** (-8.52)	-0.0105*** (-5.74)	-0.0094*** (-5.09)	-0.0407*** (-9.08)	-0.0373*** (-8.51)
ROE	0.0082* (1.89)	0.0109** (2.52)	-0.0281*** (-2.67)	-0.0228** (-2.21)	0.0079* (1.82)	0.0107** (2.47)	-0.0284*** (-2.69)	-0.0225** (-2.18)
Cash	0.0100** (2.31)	0.0109** (2.50)	0.0180* (1.69)	0.0191* (1.84)	0.0103** (2.37)	0.0112** (2.56)	0.0183* (1.72)	0.0193* (1.86)
TobinQ	0.0007*** (3.98)	0.0008*** (4.41)	0.0022*** (4.95)	0.0020*** (4.52)	0.0007*** (3.97)	0.0008*** (4.41)	0.0023*** (4.99)	0.0020*** (4.62)
TA_Ratio	0.0128*** (14.45)	0.0148*** (15.93)	-0.0263*** (-12.14)	-0.0175*** (-7.94)	0.0128*** (14.40)	0.0147*** (15.88)	-0.0265*** (-12.23)	-0.0177*** (-8.03)

续表

变量	RD_TA	RD_TA	RD_OI	RD_OI	RD_TA	RD_TA	RD_OI	RD_OI
	(1)	(2)	(3)	(4)	(5)	(6)	(7)	(8)
Share1	-0.0052**	-0.0056**	-0.0068	-0.0064	-0.0053**	-0.0057**	-0.0069	-0.0065
	(-2.35)	(-2.53)	(-1.26)	(-1.22)	(-2.39)	(-2.57)	(-1.29)	(-1.24)
ShareZ	0.0001	0.0000	0.0000	0.0000	0.0001	0.0001	0.0000	0.0000
	(1.34)	(1.28)	(0.40)	(0.33)	(1.43)	(1.37)	(0.47)	(0.39)
State	0.0024***	0.0027***	0.0027	0.0030	0.0024***	0.0028***	0.0028	0.0031
	(2.73)	(3.16)	(1.30)	(1.45)	(2.77)	(3.19)	(1.33)	(1.48)
Age	0.0003**	0.0003**	0.0004	0.0003	0.0003**	0.0003**	0.0004	0.0003
	(2.03)	(2.21)	(1.13)	(1.01)	(2.10)	(2.24)	(1.12)	(1.01)
行业, 年度	控制	控制	控制	控制	控制	控制	控制	控制
_cons	0.0202**	0.0235***	0.0257	0.0258	0.0205**	0.0242***	0.0259	0.0266
	(2.25)	(2.61)	(1.17)	(1.20)	(2.29)	(2.68)	(1.18)	(1.24)
N	3013	3013	3013	3013	3013	3013	3013	3013
r2_a	0.2508	0.2435	0.2935	0.3223	0.2520	0.2449	0.2941	0.3225
F	35.7687	34.4317	44.1447	50.3891	34.8274	33.5624	42.8235	48.8021
p	0.0000	0.0000	0.0000	0.0000	0.0000	0.0000	0.0000	0.0000

注: *** 表示1%的显著性水平, ** 表示5%的显著性水平, * 表示10%的显著性水平。

表 3-1-8　使用财政补贴与研发投入实际数的自然对数的稳健性检验

变量	LN_RD	LN_RD	LN_RD
LN_GS	0.0964***	0.0924***	0.0810***
	(5.07)	(3.58)	(3.34)
EU	-0.0700***	-0.1316	-0.0439
	(-3.21)	(-1.49)	(-1.56)
LN_GS × EU		0.0038**	
		(2.23)	
HiEU			-0.6144
			(-1.21)
LN_GS × HiEU			0.0334**
			(2.05)
Size	0.7734***	0.7733***	0.7719***
	(19.40)	(19.39)	(19.36)
Lev	-1.0296***	-1.0289***	-1.0324***
	(-6.53)	(-6.52)	(-6.55)
ROE	-0.0836	-0.0872	-0.1150
	(-0.23)	(-0.24)	(-0.31)
Cash	0.6539*	0.6552*	0.6666*
	(1.75)	(1.76)	(1.79)
TobinQ	0.0410***	0.0411***	0.0404**
	(2.61)	(2.61)	(2.56)
TA_Ratio	0.7452***	0.7452***	0.7428***
	(9.79)	(9.79)	(9.76)
Share1	-0.4533**	-0.4547**	-0.4566**
	(-2.39)	(-2.40)	(-2.41)
ShareZ	0.0040	0.0040	0.0042
	(1.22)	(1.22)	(1.28)
State	-0.1417*	-0.1419*	-0.1407*
	(-1.91)	(-1.91)	(-1.89)

续表

变量	LN_RD	LN_RD	LN_RD
Age	-0.0060 (-0.49)	-0.0059 (-0.49)	-0.0043 (-0.36)
行业，年度	控制	控制	控制
_cons	-1.7533** (-2.28)	-1.6865** (-2.05)	-1.4639* (-1.82)
N	3013	3013	3013
r2_a	0.2708	0.2706	0.2711
F	40.9456	39.5230	38.3510
p	0.0000	0.0000	0.0000

注：1. *** 表示1%的显著性水平，** 表示5%的显著性水平，* 表示10%的显著性水平；

2. LN_RD 表示企业新增研发支出的自然对数，LN_GS 表示企业获得的财政补贴的自然对数；

3. 因取对数，未披露财政补贴和研发支出的样本自然被排除，所以，样本数剩下3013个。

系；此外，被解释变量和控制变量之间也可能存在内生性。因此，在此处的稳健性检验中，本节将解释变量和控制变量滞后一期进行回归，回归结果见表3-1-9和表3-1-10。

由表3-1-9可知，滞后一期的政府财政补贴（L.GS_TA、L.GS_OI）与企业技术创新投入（RD_TA、RD_OI）仍均在1%的显著性水平呈现正相关关系，此回归结果进一步验证了本节的假设3-1-1。

由表3-1-10可知，滞后一期的财政补贴与环境不确定性和高环境不确定性的交互项 L.GS_TA×L.EU、L.GS_OI×L.EU 以及 L.GS_TA×L.HiEU、L.GS_OI×L.HiEU 均与 RD_TA、RD_OI 呈现正相关关系，而且，除 L.GS_TA×L.EU 与 RD_TA 的正相关关系不显著之外（回归系数对应的T值为1.64，与10%的显

表 3-1-9　财政补贴影响企业技术创新投入的稳健性检验

变量	RD_TA	RD_TA	RD_OI	RD_OI
L.GS_TA	0.2698*** (7.18)		0.7196*** (7.99)	
L.GS_OI		0.1057*** (7.15)		0.4425*** (12.72)
L.EU	-0.0007*** (-2.61)	-0.0007*** (-2.81)	-0.0009 (-1.45)	-0.0012* (-1.94)
L.Size	0.0002 (0.57)	0.0001 (0.32)	0.0014 (1.33)	0.0011 (1.09)
L.Lev	-0.0081*** (-4.36)	-0.0073*** (-3.89)	-0.0325*** (-7.28)	-0.0295*** (-6.72)
L.ROE	0.0079* (1.80)	0.0094** (2.16)	-0.0016 (-0.16)	0.0033 (0.32)
L.Cash	-0.0038 (-0.90)	-0.0032 (-0.75)	-0.0101 (-1.00)	-0.0086 (-0.87)
L.TobinQ	0.0009*** (4.20)	0.0010*** (4.44)	0.0019*** (3.60)	0.0017*** (3.28)
L.TA_Ratio	0.0085*** (9.71)	0.0101*** (11.14)	-0.0179*** (-8.51)	-0.0110*** (-5.13)
L.Share1	-0.0046** (-2.13)	-0.0048** (-2.21)	-0.0078 (-1.50)	-0.0073 (-1.43)
L.ShareZ	0.0001* (1.65)	0.0001 (1.58)	0.0001 (0.63)	0.0000 (0.53)
L.State	0.0013 (1.56)	0.0014* (1.71)	0.0007 (0.36)	0.0005 (0.28)

续表

变量	RD_TA	RD_TA	RD_OI	RD_OI
L.Age	0.0004***	0.0004***	0.0008**	0.0008**
	(2.94)	(3.01)	(2.43)	(2.46)
行业，年度	控制	控制	控制	控制
_cons	0.0028	0.0038	0.0154	0.0135
	(0.31)	(0.42)	(0.72)	(0.64)
N	2640	2640	2640	2640
r2_a	0.3562	0.3560	0.3371	0.3605
F	55.0677	55.0422	50.7098	56.1104
p	0.0000	0.0000	0.0000	0.0000

注：1. *** 表示1%的显著性水平，** 表示5%的显著性水平，* 表示10%的显著性水平；

2. L. 表示相应变量滞后一期；

3. 由于解释变量与控制变量均滞后一期，样本数减少到2640个。

著性水平的临界值1.645已经非常接近），其余的正相关关系均在10%及以上的水平上显著，此回归结果进一步验证了本节的假设3-1-2。

四、小结

本节以我国2012年至2015年创业板和中小板上市公司为样本，研究了在环境不确定性约束条件下政府财政补贴与企业技术创新投入的关系。结果表明，企业的技术创新投入与政府财政补贴呈现显著的正相关关系，说明政府财政补贴显著促进了企业的技术创新投入，有助于企业创新能力的提升。但是，由于企业所在的市场环境存在差异，其面临的环境不确定性也不尽相同，从而导致政府财政补贴对企业技术创新投入的影响存在显著差异，即对处于不同的环境不确定性中的企业来说，同等数额的政府财

表 3 – 1 – 10　环境不确定性影响政府财政补贴与企业技术创新投入关系的稳健性检验

变量	RD_TA (1)	RD_TA (2)	RD_OI (3)	RD_OI (4)	RD_TA (5)	RD_TA (6)	RD_OI (7)	RD_OI (8)
L.GS_TA	0.1976*** (3.76)		0.5753*** (4.57)		0.1458*** (2.73)		0.4158*** (3.26)	
L.GS_OI		0.0843*** (4.18)		0.4254*** (8.96)		0.0625*** (2.95)		0.3721*** (7.46)
L.EU	−0.0011*** (−3.26)	−0.0011*** (−3.18)	−0.0018** (−2.17)	−0.0015* (−1.87)	−0.0007** (−2.12)	−0.0008** (−2.37)	−0.0009 (−1.14)	−0.0012 (−1.54)
L.GS_TA×L.EU	0.0630** (1.96)		0.1260 (1.64)					
L.GS_OI×L.EU		0.0168* (1.75)		0.0135** (2.53)				
L.HiEU					−0.0015* (−1.88)	−0.0010 (−1.36)	−0.0038** (−2.02)	−0.0019 (−1.08)
L.GS_TA×L.HiEU					0.2303*** (3.28)		0.5641*** (3.35)	

续表

变量	RD_TA (1)	RD_TA (2)	RD_OI (3)	RD_OI (4)	RD_TA (5)	RD_TA (6)	RD_OI (7)	RD_OI (8)
L.GS_OI×L.HiEU						0.0753*** (2.85)		0.1228** (1.97)
L.Size	0.0003 (0.60)	0.0001 (0.30)	0.0014 (1.35)	0.0011 (1.08)	0.0002 (0.57)	0.0001 (0.23)	0.0014 (1.33)	0.0010 (1.02)
L.Lev	-0.0079*** (-4.25)	-0.0071*** (-3.80)	-0.0321*** (-7.18)	-0.0294*** (-6.68)	-0.0078*** (-4.20)	-0.0069*** (-3.71)	-0.0318*** (-7.12)	-0.0290*** (-6.59)
L.ROE	0.0080* (1.84)	0.0097** (2.22)	-0.0013 (-0.12)	0.0035 (0.34)	0.0080* (1.83)	0.0099** (2.26)	-0.0014 (-0.14)	0.0040 (0.38)
L.Cash	-0.0038 (-0.90)	-0.0032 (-0.76)	-0.0101 (-1.00)	-0.0086 (-0.87)	-0.0036 (-0.86)	-0.0030 (-0.72)	-0.0096 (-0.96)	-0.0084 (-0.85)
L.TobinQ	0.0009*** (4.31)	0.0010*** (4.56)	0.0019*** (3.69)	0.0017*** (3.31)	0.0010*** (4.37)	0.0010*** (4.59)	0.0020*** (3.77)	0.0017*** (3.37)
L.TA_Ratio	0.0085*** (9.62)	0.0101*** (11.05)	-0.0181*** (-8.58)	-0.0110*** (-5.14)	0.0084*** (9.61)	0.0100*** (11.03)	-0.0182*** (-8.64)	-0.0112*** (-5.20)
L.Share1	-0.0046** (-2.13)	-0.0048** (-2.20)	-0.0078 (-1.50)	-0.0073 (-1.42)	-0.0047** (-2.15)	-0.0048** (-2.20)	-0.0079 (-1.52)	-0.0073 (-1.42)

续表

变量	RD_TA (1)	RD_TA (2)	RD_OI (3)	RD_OI (4)	RD_TA (5)	RD_TA (6)	RD_OI (7)	RD_OI (8)
L.ShareZ	0.0001* (1.65)	0.0001 (1.60)	0.0001 (0.63)	0.0000 (0.53)	0.0001* (1.71)	0.0001* (1.66)	0.0001 (0.69)	0.0000 (0.58)
L.State	0.0013 (1.53)	0.0014* (1.71)	0.0007 (0.34)	0.0005 (0.28)	0.0013 (1.59)	0.0014* (1.73)	0.0008 (0.39)	0.0006 (0.29)
L.Age	0.0004*** (2.96)	0.0004*** (3.04)	0.0008** (2.45)	0.0008** (2.47)	0.0004*** (2.81)	0.0004*** (2.88)	0.0008** (2.32)	0.0008** (2.39)
行业、年度	控制	控制	控制	控制	控制	控制	控制	控制
_cons	0.0029 (0.33)	0.0042 (0.46)	0.0157 (0.73)	0.0138 (0.65)	0.0034 (0.37)	0.0050 (0.56)	0.0169 (0.78)	0.0155 (0.73)
N	2640	2640	2640	2640	2640	2640	2640	2640
r2_a	0.3569	0.3564	0.3376	0.3604	0.3583	0.3576	0.3395	0.3610
F	53.2967	53.1912	49.0258	54.1015	51.8129	51.6455	47.7694	52.4142
p	0.0000	0.0000	0.0000	0.0000	0.0000	0.0000	0.0000	0.0000

注：1. *** 表示1%的显著性水平，** 表示5%的显著性水平，* 表示10%的显著性水平；
2. L. 表示相应变量滞后一期；
3. 由于解释变量与控制变量均滞后一期，样本数减少到2640个。

政补贴给它们所带来的技术创新投入的促进作用存在明显的差异，具体来说，同等数额的政府财政补贴给面临环境不确定性较高的企业所带来的技术创新投入的促进作用相对于面临环境不确定性较低的企业更大。

本节的研究结果表明，政府财政补贴仍然是促进企业加大技术创新投入、提高其创新能力的有效手段，但是，由于面临的环境不确定性较高时，企业可能不愿或不能继续加大技术创新投入，因此，此时政府更应加大财政补贴的力度。

第二节　税收优惠与研发投入

当前，技术创新已成为一个国家繁荣发展的关键因素，依靠技术创新和进步来推动以重大发展需求为基础的战略性新兴产业发展、建立创新型国家已成为世界各国的普遍共识（戴小勇、成力为，2014）。经验数据显示，技术创新的主体是企业（江希和、王水娟，2015），技术创新已成为促进企业发展进步的重要动力，技术创新对企业和产业发展的重要作用越来越被理论界和实务界所认可。从微观的企业层面来说，加大研发投入，不断促进技术创新，是企业顺应经济新常态下的发展逻辑，以保持其生产经营活动可持续健康发展的内在要求，因此，有必要进一步探究企业的技术创新行为及其影响因素。

目前，各国政府通常采用降低税率、投资税前加计扣除以及投资抵税等税收优惠方式来支持企业的研发活动。根据目前国内外的相关研究，税收优惠激励能够显著提高企业的研发强度，对其研发决策活动产生积极影响（Bloom et al.，2002；Czarnitzki et al.，2005；徐伟民，2009；邵诚、王胜光，2010）；反之，由于研发加计扣除政策在平衡会计利润与应税所得方面具有独特的杠杆作用，使其成为企业管理层实施避税的有力工具，从而导致企业的税收负担越高，其报告的研发投入水平也越高（吴祖光等，2013）。

综上，当前关于税收优惠与企业技术创新投入关系的研究结论并不一致，而且相关研究也没有考虑到企业所处市场环境的不同对上述两者关系的影响。在市场经济体制下，企业的生产经营活动总是伴随着或多或少的风险，当其所在的市场环境存在差异时，其面临的风险必然有较大不同，从而使其技术创新投入也存在较大的差异。因此，基于现有的相关研究，本节重点考察在环境不确定性这一约束条件下税收优惠对企业技术创新投入的影响，以检验企业技术创新投入与税收优惠的关系，并进一步探讨两者关系中的环境不确定性影响因素。

一、理论分析与研究假设

（一）税收优惠与企业技术创新

虽然理论界和实务界均认为技术创新是企业获得长期利润以及社会经济增长的源泉（Romer，1989；Grossman and Helpman，1991），但由于存在较高的风险，企业的管理层尤其是保守的管理层通常并不愿意在技术创新方面进行过多的投入（王山慧等，2013），并且，由于技术创新具有公共产品的性质，存在溢出效应，企业取得的新技术成果通常会随着技术的扩散而被其他企业尤其是竞争对手广泛运用，导致企业进行技术创新投入所获得的个体收益远低于社会收益，即研发活动投入存在市场失灵现象，最终导致企业缺乏持续进行技术创新投入以促进技术创新的动力（Guellec，2000；吴祖光等，2013），因此，仅靠市场力量无法对企业的技术创新产生有效激励，需要政府通过多种方式激励企业不断增加在技术创新方面的投入（Arrow，1962；戴晨、刘怡，2008）。

由于企业的研发活动存在严重的信息不对称，将会引发道德风险并阻碍高风险的商业活动获得外部融资，因此，高成长小公司投资获得融资的主要途径就是内部融资（Arrow，1962；Stiglitz and Weiss，1981）。税收优惠能降低企业税负、提高其自由现金流水平，因此，能增强企业的内部融资能力，从而更进一步促使企业增加技术创新投入。目前，大多数的研究均认为，税收优惠激励能够显著提高企业的研发强度，对其研发决策活动产生积极影响（Bloom et al.，2002；Czarnitzki et al.，2005；徐伟民，2009；邵诚、王胜光，2010）。但是，也有研究认为，由于研发加计扣除政策在平衡会计利润与应税所得方面具有独特的杠杆作用，使其成为企业管理层实施避税的有力工具，从而导致企业的税收负担越高，其报告的研发投入水平也越高（吴祖光等，2013）；增值税优惠对企业技术创新投入不存在显著的激励效果（陈晓、方保荣，2001）；税收优惠也不能显著影响企业的技术创新投入（吴秀波，2003）。

本节认为，不论各国政府采用降低税率、投资税前加计扣除以及投资抵税等税收优惠方式中的何种方式来支持企业的研发活动，其目的是降低企业税负，实际效果是减少企业现金流出，提高其自由现金流水平，增强其内部融资能力，并且降低企业面临的风险或者提高企业应对风险的能力，从而使企业拥有更多的资金，也更加愿意加大对技术创新的投入。因此，本节提出以下待检验的假设3-2-1：税收优惠与企业技术创新投入正相关。

（二）环境不确定性、税收优惠与企业技术创新

企业总是在特定的市场环境中开展其生产经营活动，而市场环境可能受多种因素的影响发生变化，从而导致企业面临的市场

形势也随之发生变化，并进而对其经营业绩产生显著影响（陈峻等，2015）。

如果企业所在的市场形势较好，其面临的环境不确定性当然就较低，此时，企业能及时准确地获得关于市场形势变化的数据，也能准确地对技术变革等环境因素进行预测，从而能作出正确的生产经营决策，保证其经营绩效的稳定与增长。进而，企业能实现更好的长期业绩，带来较高的现金流收益，提高企业的内源性融资能力，也能进一步降低企业面临的风险，使企业有足够的资金加大技术创新投入。由于经营风险和财务风险相对较低，其管理层也愿意承担加大技术创新投入而带来的额外风险。因此，此时企业本身的技术创新投入就相对较高，虽然税收优惠能促进企业进一步加大技术创新投入，但这种促进关系就不是那么的显著。

反之，当企业面临的环境不确定性较高时，将使企业盈余的波动性增强，导致其盈余难以预测，并降低盈余的持续性，引发企业股价的波动，降低企业价值，从而给企业的战略制定带来难度，影响其战略目标的实施（申慧慧，2010）；也增加了信息不对称程度（Ghosh and Olsen，2009），使管理者缺乏足够的信息去评估风险，难以估计外部环境的变化可能会带来的收益与成本，从而使管理层面临的决策失败的风险大大增加（牛建波、赵静，2012）。因此，当企业面临的环境不确定性较高时，由于面临较大的经营风险和较差的财务状况，经营业绩不佳，自由现金流水平显著降低，内源性融资能力将会变弱，企业管理层也不愿意承担因加大技术创新投入而带来的额外风险。但是，如果此时企业能获得来自政府的税收优惠和减免，充当其技术创新的坚实后盾，必将降低企业面临的风险，提高其自由现金流水平，最后显著增加其技术创新投入水平。

综上所述，本节提出以下待检验的假设3-2-2：当企业面临的环境不确定性不同时，税收优惠对其技术创新投入的影响存在异质性，相对于面临环境不确定性较低的企业，面临环境不确定性较高企业的技术创新投入与税收优惠的正相关关系更为显著。

二、研究设计

（一）研究模型

为了检验本节的研究假设，构建了以下两个实证模型，模型（3-2-1）用来验证假设3-2-1，模型（3-2-2）用来验证假设3-2-2。

$$RD = \beta_0 + \beta_1 AITax + \beta_{2j} Controls_j + \varepsilon \quad (3-2-1)$$

$$RD = \beta_0 + \beta_1 AITax + \beta_2 AITax \times HiEU + \beta_3 HiEU + \beta_{4j} Controls_j + \varepsilon \quad (3-2-2)$$

上述两式中，变量 RD 表示企业的技术创新投入，分别用企业技术创新投入与总资产的比值（RD_TA）和企业技术创新投入与营业收入的比值（RD_OI）表示；AITax 表示企业享受的税收优惠与减免，用1减去企业的实际所得税税率表示；HiEU 为虚拟变量，当企业面临的环境不确定性较高时取值为1，否则取值为0；Controls 表示一系列的控制变量；此外，回归中本节还控制了行业和年度。在模型（3-2-1）中，预期 β_1 显著为正；在模型（3-2-2）中，预期 β_2 显著为正。

（二）变量定义及说明

1. 环境不确定性。企业所在环境的不确定性有多种衡量方法，目前并没有统一标准，本节借鉴申慧慧（2010）的方法，采用企业过去5年剔除正常增长部分并经行业调整之后销售收入的标准差来表示企业面临的环境不确定性。具体模型如下：

$$Sale = \alpha_0 + \alpha_1 Year + \varepsilon \qquad (3-2-3)$$

其中，Sale 是销售收入，Year 是年度变量，如果观测值分别是过去第四、第三、第二、第一年和本年的观测值，Year 分别取值为 1、2、3、4 和 5。该模型 OLS 回归的残差代表企业的非正常销售收入，用企业过去 5 年非正常销售收入的标准差除以过去 5 年销售收入的平均值，就得到未经行业调整的环境不确定性；然后，分行业和年度计算企业未经行业调整的环境不确定性的中位数，表示企业所在行业的环境不确定性；最后，用企业未经行业调整的环境不确定性除以行业环境不确定性，得到企业经行业调整后的环境不确定性 EU。对 EU 计算中位数，并建立环境不确定性虚拟变量 HiEU，对于 EU 大于、等于其中位数的样本，HiEU 取值为 1，否则取值为 0。

2. 税收优惠。本节使用企业所得税额除以其息税前利润，表示企业承担的实际所得税税率，用 1 减去企业的实际所得税税率表示企业享受的税收优惠与减免。具体计算公式如下：

税收优惠 = 1 − 企业所得税 / （净利润 + 企业所得税 + 利息费用）

3. 控制变量。本节所使用变量的详细定义及说明见表 3 − 2 − 1。

表 3 − 2 − 1　　　　　　　变量定义及说明

变量符号	变量名称	计算方法与说明
RD_TA	研发投入与总资产比	企业当年新增研发投入除以总资产
RD_OI	研发投入与营业收入比	企业当年新增研发投入除以营业收入
AITax	税收优惠	1 减去企业的实际所得税税率
EU	环境不确定性	企业过去 5 年剔除正常增长部分并经行业调整之后销售收入的标准差，该变量值越大，表示企业面临的环境不确定性越大

续表

变量符号	变量名称	计算方法与说明
Size	企业规模	总资产的自然对数
Lev	资产负债率	负债合计除以总资产
ROA	总资产收益率	净利润除以总资产
Cash	经营活动现金流	经营活动产生的现金流量净额除以总资产
TobinQ	成长性	市值除以总资产
TA_Ratio	总资产周转率	营业总收入除以总资产
State	产权性质	虚拟变量，国有产权的值取1，否则值取0
Age	企业上市年限	处理年份减去上市年份

（三）样本选择与处理

本节使用2012年至2015年中国A股的中小上市公司作为样本来研究税收优惠对企业技术创新投入的影响。研究数据来源于CSMAR数据库，参照上文中的研究，本节删除了金融业上市公司，并剔除了ST及*ST上市公司，在删除相关变量缺失的公司后得到3867个样本。为消除离群值的影响、保证结果的稳健性，所有的连续变量都进行了（1%，99%）的缩尾处理。

三、实证分析

（一）描述性统计

表3-2-2的变量描述性统计结果显示：（1）企业技术创新投入与总资产的比值RD_TA的最小值和最大值分别为0和0.071、均值和中位数分别为0.015和0.013，企业技术创新投入与营业收入的比值RD_OI的最小值和最大值分别为0和0.206、均值和中位数分别为0.032和0.029，说明我国中小上市公司的

技术创新投入比重总体上并不高,创新能力还有待进一步提升。(2)企业享受的税收优惠与减免 AITax 的最小值和最大值分别为 0.345 和 1、均值和中位数分别为 0.841 和 0.851,说明我国中小上市公司享受的税收优惠与减免总体上较高,可能对上市公司技术创新投入产生显著的促进作用。

表 3-2-2　　　　　　　　描述性统计

变量	样本数	均值	标准差	最小值	中位数	最大值
RD_TA	3867	0.015	0.015	0	0.013	0.071
RD_OI	3867	0.032	0.037	0	0.029	0.206
AITax	3867	0.841	0.104	0.345	0.851	1
EU	3867	1.106	1.018	0	0.916	5.448
Size	3867	21.45	0.807	19.87	21.37	23.77
Lev	3867	0.334	0.184	0.034	0.312	0.797
ROA	3867	0.046	0.045	-0.111	0.043	0.183
Cash	3867	0.043	0.064	-0.138	0.041	0.212
TobinQ	3867	2.862	2.166	0.386	2.182	12.18
TA_Ratio	3867	0.573	0.335	0.126	0.496	1.961
State	3867	0.104	0.306	0	0	1
Age	3867	3.941	2.281	0	4	11

(二)回归结果

1. 税收优惠影响企业技术创新投入的回归结果。表 3-2-3 的第(1)列与第(2)列报告了模型(3-2-1)的回归结果,调整后的 R 方、F 值与 p 值表明模型的拟合程度较高,模型设定较为合理。企业技术创新投入(RD_TA、RD_OI)对企业享受的税收优惠与减免 AITax 回归的系数分别为 0.015 和 0.027,对应的 T 值分别为 7.668 和 5.596,税收优惠与企业技术创新投入均在 1% 的显著性水平呈现正相关关系,此回归结果验证了本节的假设 3-2-1。

表 3-2-3　　　　　　　回归结果

变量	RD_TA (1)	RD_OI (2)	RD_TA (3)	RD_OI (4)
AITax	0.015*** (7.668)	0.027*** (5.596)	0.023*** (7.318)	0.046*** (5.894)
AITax × HiEU			0.013*** (3.269)	0.030*** (3.098)
HiEU			-0.010*** (-2.830)	-0.023*** (-2.795)
Size	-0.001** (-2.285)	0.001 (0.601)	-0.001** (-2.137)	0.001 (0.689)
Lev	-0.006*** (-3.672)	-0.032*** (-8.217)	-0.006*** (-3.650)	-0.032*** (-8.199)
ROA	0.023*** (3.943)	-0.023 (-1.574)	0.021*** (3.466)	-0.027* (-1.899)
Cash	0.006* (1.766)	0.015* (1.688)	0.006* (1.715)	0.015* (1.655)
TobinQ	0.000*** (2.619)	0.001*** (3.235)	0.000*** (2.781)	0.001*** (3.344)
TA_Ratio	0.009*** (12.031)	-0.021*** (-12.190)	0.008*** (11.846)	-0.021*** (-12.249)
State	0.001 (1.153)	0.000 (0.184)	0.001 (1.057)	0.000 (0.132)
Age	0.000*** (3.698)	0.000 (1.564)	0.000*** (4.357)	0.001** (2.027)

续表

变量	RD_TA (1)	RD_OI (2)	RD_TA (3)	RD_OI (4)
行业，年度	控制	控制	控制	控制
_cons	0.012 (1.525)	0.013 (0.722)	0.004 (0.563)	-0.003 (-0.142)
N	3867	3867	3867	3867
r^2_adjust	0.337	0.328	0.340	0.331
F	86.279	83.223	80.640	77.397
p	0.000	0.000	0.000	0.000

注：***表示在1%的水平上显著，**表示在5%的水平上显著，*表示在10%的水平上显著。

2. 环境不确定性影响税收优惠与企业技术创新投入关系的回归结果。表3-2-3的第（3）列与第（4）列报告了模型（3-2-2）的回归结果。企业技术创新投入（RD_TA、RD_OI）对企业享受的税收优惠与减免AITax回归的系数分别为0.023和0.046，对应的T值分别为7.318和5.894，税收优惠与企业技术创新投入仍然均在1%的显著性水平呈现正相关关系。企业技术创新投入（RD_TA、RD_OI）对环境不确定性虚拟变量HiEU回归的系数分别为-0.010和-0.023，对应的T值分别为-2.830和-2.795，显著性水平为1%，说明面临环境不确定性高的企业其技术创新投入较少。企业技术创新投入对税收优惠与环境不确定性虚拟变量交互项（AITax×HiEU）回归的系数分别为0.013和0.030，对应的T值分别为3.269和3.098，税收优惠和环境不确定性虚拟变量的交互项均与企业技术创新投入1%的显著性水平呈现正相关关系。

此结果表明，税收优惠与企业技术创新投入的关系受到企面临的环境不确定性的影响，从而使其关系在环境不确定性不同时存在差异，相对于面临环境不确定性较低的企业，面临环境不确定性较高企业的技术创新投入与税收优惠的正相关关系更为显著，从而验证了本节的假设3-2-2。

表3-2-3显示的控制变量回归结果与上述的研究基本一致。

四、小结

本节以我国2012年至2015年中小上市公司为样本，研究了在环境不确定性约束条件下税收优惠与企业技术创新投入的关系。实证结果表明，税收优惠与企业技术创新投入显著正相关，即税收优惠促进了企业的技术创新投入。进一步的分析显示，由于企业所处市场形势的不同，其面临的环境不确定性也存在差异，从而导致税收优惠对其技术创新投入的影响存在异质性，具体来说，相对于面临环境不确定性较低的企业，面临环境不确定性较高企业的技术创新投入与税收优惠的正相关关系更为显著。

本节的研究结果表明：一方面，税收优惠能降低正外部性、高成本性、高风险性以及高流动性等对企业技术创新投入的负面影响，是政府促进企业加大技术创新投入、提高其创新能力的有效手段，显著加大了企业的技术创新投入力度。另一方面，正是由于以上述及的原因，面临较高环境不确定性的企业可能不愿或不能继续加大其技术创新投入的力度。

针对以上结论，本节提出如下建议：

第一，加大对技术创新成果的保护力度。1988年，邓小平同志在全国科学大会上提出了"科学技术是第一生产力"的著名论断。而技术创新成果则是科学技术发展进步的具体体现，处于激烈市场竞争中的企业，具有前沿性和独占性的技术是其在市场中保持领先地位和竞争优势的重要手段和工具，因此，企业将尽可能长时间地占有其技术创新成果。但是，技术创新具有较强的正外部性、高成本性、高风险性以及高流动性，且不论企业投入大量的成本之后是否一定能有较好的成果出现，即使企业的技术创新投入取得了较好的成果，但如果成果不能得到有效的保护，被竞争对手采取不正当的手段窃取，对于研发企业来说必然会有所损失，将严重打击研发企业继续投入技术创新的积极性。因此，政府应尽快建立健全关于知识产权方面的立法，加大执法力度，从而加大对技术创新成果的保护力度，降低外部性对企业技术创新投入积极性的负面作用。

第二，加大高新技术行业和产业的税收优惠力度。技术创新的外部性不可避免。一是企业间市场竞争的存在，竞争对手会通过正当或者不正当的手段去共享或窃取研发企业的技术创新成果；二是长时间由研发企业独占技术创新成果不符合社会科学技术发展的需要，其他企业通过技术许可正当地获得研发企业的技术创新成果应当受到鼓励，而且技术专利也有一定的期限。这种外部性的存在必然会削弱研发企业继续投入技术创新的积极性，为解决这个问题，政府可加大对高新技术行业和产业的税收优惠力度，一方面，通过税收优惠等手段可增加企业的自由现金流水平，增强其技术创新投入的能力，另一方面，税收优惠也是对于研发企业由于外部性的存在而导致的经济损失的一种补偿。因此，加大对高新技术行业和产业的税收优惠力度可降低外部性对企业技术创新投入积极性的负面作用。

第三，对暂时处于困境但产品和技术有较好的市场前景及社会效益的企业应维持或加大税收优惠力度。企业的经营活动发生于瞬息万变的市场中，因此，企业总是面临着一定的环境不确定性，其生产经营状况不能一直保持良好的发展态势，面临的环境不确定性较低时，企业的经营状况就较为稳定，预期的经营业绩也较好，但是，当面临的环境不确定性较高时，企业未来经营业绩的不确定性则更高，此时，企业面临较大的风险，经营状况就可能有较大的起伏，甚至在一段时期处于低谷。

当企业面临的环境不确定性较高时，由于规避风险、提高税收优惠政策效果等原因，企业原本获得的税收优惠就可能会减弱甚至取消，但是，面临较高环境不确定性的企业必须持有足够的现金以防范不确定性风险，其自由现金流水平将会降低，因此，在企业面临的环境不确定性较高时，政府更应加大税收优惠的力度，或者结合财政补贴政策等共同发挥作用，以促使企业持续增加技术创新投入。当然，政府不能对企业的技术研发承担无限责任，对于那些技术确定已经不存在先进性甚至已经过时的企业，应当取消其享有的税收优惠政策，促使其转型，而对暂时处于困境但产品和技术有较好的市场前景及社会效益的企业，政府则应维持或加大税收优惠力度。

财税政策与公司治理

第一节　环保投资与公司实际税负

近年来,全球经济经历了飞速发展的阶段,但随之而来的气候变化问题也日益突出,环保问题开始得到社会各界的广泛关注(Yang et al. 2012)。从 1988 年"政府间气候变化专门委员会"的成立,到 1992 年《联合国气候变化框架公约》的出台,国际社会对环境保护的努力从未停止,特别是 2005 年《京都议定书》的生效,更是国际环境保护历史上的一块重要里程碑。在巨大的环境变化压力下,我国政府也先后出台了一系列相关的法律规章与制度,如 2008 年出台了《上海证券交易所上市公司环境信息披露指引》,规范了环境信息的披露,并在此基础之上发布了《关于进一步规范监督管理严格开展上市公司环保核查工作的通知》(2011),加强对企业环保投资行为的核查力度。值得一提的是,我国十二届全国人大常委会第八次会议表决通过了《环保法修订案》,这对约束企业破坏环境行为、引导企业环保水平不断提高起到了巨大的作用。

当前,有关环保投资的研究主要侧重于以政府为主导的政府环保投资与行业环保投资方面,而企业环保投资相关的研究较少。Farzin et al. (2000) 和 Leiter et al. (2011) 的研究表明企业所有的投资决策,包括生产技术的选择、污染治理设备的购置、投资资本的配置等,都会受到环境管制强度的影响。唐国平等 (2013) 通过进一步研究发现,这往往是由于企业的生产经营活动具有行业和地区差异性所导致的,不同的企业会因此而面临着不同的法律环境与政府干预。在为数不多的有关中国企业环保投资行为的经验研究中,大多数学者认为,企业环保投资的目的主要有两类:一类是为了实现经济效益,企业通过环保投资并积极披露相关信息等行为以展示其良好的社会形象,通过履行该方面的社会责任来提高企业声誉,达到宣传企业、实现一定经济效益的目的 (Gao et al., 2012;黄静等,2012;李增福等 2016);还有一类则是出于政治目的,即为了遵守法律法规、维护良好的政企关系并获得相关补贴等资源,而进行环保投资 (Su and He, 2010;邹萍, 2018)。但 Orsato (2006) 早前的研究就已经发现,企业环保投资所带来的经济效益远远小于其支出,因此,在我国特殊的制度背景之下,企业更多的环保投资行为可能是基于第二种目的。对于我国企业而言,税负作为企业最主要的支出之一,在很大程度上影响了企业的净利润。而黎文靖 (2012) 研究发现,企业通过环保投资行为而履行社会责任,在某种程度上是一种"自上而下"的政府意志的体现,这表明企业环保投资行为迎合了政府的意志,政府可能给予企业寻租的机会，企业由此而获得避税的机会，节省企业成本，增加企业净利润。基于此，环保投资是否能够降低企业税负、给企业带来"隐性福利"这一问题值得深入的研究。

综上所述，现有文献少有考察环保投资与企业实际税负之间的关系，而在相关法律法规不断得以规范的今天，研究企业环保投资及其经济后果有利于检验政策法规的市场导向作用，并合理地利用政府监管这一政策工具。本节主要研究企业环保投资与实际税负之间的关系，进而在此基础之上对产权性质不同的企业、制度环境和财政压力不同的地区区分研究。

一、理论分析与研究假设

寻租理论最早由 Krueger（1974）提出，该理论认为，政府运用行政权力对企业和个人的经济活动进行干预和管制，妨碍了市场竞争的作用，从而制造了少数有特权者取得超额收入的机会。中国现在并将在一定时期内处于经济转型期，在我国特有的制度背景和经济形势下，政府很大程度上管控了市场经济的发展，多数稀缺资源的分配权掌握在政府的手中，这就为寻租行为提供了天然的机会（Detomasi，2008）。而要想获得这样的机会，与政府建立良好的政企关系、迎合政府的需求则是必不可少的。对地方政府而言，它常常承担了一定的政治任务，当需要企业配合完成的时候，一般有两种途径：一种是通过政府的行政权力，强制企业承担相关的任务，但这种方式很容易造成信息不对称情形下的对象误选；另一种则更为普遍，政府利用手中的权力，将稀缺资源有选择地分配给那些愿意承担政治任务的企业，通过这种"政企互惠"的方式，政府与企业双方各取所需，并避免了政府直接用行政命令干预市场的嫌疑（Fan et al.，2013）。

随着近年来各类规章制度的实施，特别是《新环保法》的颁布,企业环保问题上升成为国家十分重视的政治问题。在很多省和直辖市,环保投资问题甚至成为官员晋升考核的主要指标之一,这使得当地政府官员迫于晋升压力而要求企业加大环保投资的力度(Li and Zhou,2005),积极履行社会责任。由于地方政府对税收享有一定的主动权,因此,税收减免可能会成为对企业的一种奖励方式。在我国,中央政府拥有对税收进行法律制定、解释以及修订的绝对权力,税率调整和税收减免的权力归于中央,地方政府更多地通过降低税收执法力度从而减少企业的实际税负(郭杰、李涛,2009)。在这种情形下,地方政府通过协助企业逃避税收监管来达到寻租的目的,一般表现为地方政府动用行政权力资源干涉税务机关的始发行动,使其独立性受到损害(王立彦、刘向前,2004)。2004年,审计署在关于企业纳税的审计报告中指出,地方政府对税务机关的干涉会在很大程度上影响企业的税收规避行为,范子英等(2013)研究同样表明,地方政府间的税收竞争会降低地方税务局的税收执法力度,从而导致大范围的企业避税行为。因此,企业也会倾向于协助地方政府完成环境保护方面的政治任务而获得相应的"隐性福利"。

还有一些学者认为,企业进行环保投资,履行相应的社会责任,本身就是在向社会传递一种积极的信号,提升社会对企业的信任(钱明等,2016)。由于我国企业种类繁多、数量庞大,税务机关人力、物力有限,难以做到对每一家企业进行细致的排查。环保投资较多、社会责任感强的企业往往会成为税务机关的信任对象,相比于其他企业,这类企业在进行避税操作时更不容易被税务机关所察觉。这在一定程度上导致了环保投资行为所带来的社会信用被企业滥用,不仅没有促进企业社会责任的提高,反而沦为了寻租的工具,帮助企业进行避税活动。基于以上分析,本节提出假设4-1-1:与未披露环保投资额的企业相比,披露环保投资额的企业的实际税负更低。

企业加大环保投资的力度,向市场传递出企业遵纪守法、社会责任感强的积极信号,因此,社会责任感越强的企业会倾向于进行更多的环保投资,使市场对其更加的信任,树立良好的企业社会形象,增强企业的合法性(宋林等,2012;刘想、刘银国,2014;权小锋等,2015)。另外,中国进行大额环保投资的企业主要是在社会责任方面表现出色的企业或者存在着政治关联的企业,说明这类企业更加积极地迎合了地方政府在环境保护和社会责任方面的需求,地方政府在企业进行环保投资并履行相应社会责任之后,会在税收方面给予企业更多的避税收益,企业得到了所对应的"隐性福利",实现政企间的"互利共赢"。因此,本节提出假设4-1-2:在披露环保投资额的企业中,环保投资额越多,企业的实际税负越低。

二、研究设计

(一) 样本选择和数据来源

本节选取2009—2016年全部A股上市公司作为研究样本,并做了如下处理:(1)由于金融类企业的财务数据与其他企业有较大差异,故剔除金融业公司样本;(2)剔除所有ST、*ST公司样本;(3)剔除所得税费用为负以及利润总额为负的公司样本(李维安、徐业坤,2013);(4)剔除主要变量缺失的公司样本。经过筛选后,本节共计得到了12943个样本,其中,披露了环保投资额的样本共有1411个。此外,为了避免极端值的影响,本节对所有连续变量进行了上下1%的Winsorize处理。

本节的数据来源于以下途径:(1)企业环保投资额的初始数据来源于企业社会责任报告、可持续发展报告和环境报告书,并全部由作者手工收集和整理;(2)进一步研究中,衡量制度环境和财政压力的数据来源于樊纲等（2016）统计的市场化指数值、EPS数据库和中国统计年鉴；（3）实际税负及其他财务数据均来自CSMAR数据库。

（二）变量定义

1. 实际税负。根据Dyreng et al.（2010）、吴联生（2009）、邹萍（2018）的研究，本节采取以下两种方法来衡量企业实际税负的大小：（1）实际税负 =（所得税费用 – 递延所得税）/税前利润总额；（2）实际税负 =（上市公司当年支付的各项税费 – 当年的税费返还）/营业收入。

2. 环保投资。在会计处理上，企业的环保投资一部分用来积累与环保相关的固定资产，另一部分则直接作费用化处理。由于费用化支出会直接影响损益，进而影响企业的税负大小，为了避免这种情况对本节研究的干扰，本节所搜集的环保投资数据仅包括企业资本化支出的部分，而不包括费用化支出的部分。

3. 控制变量。参考Dyreng et al.（2010）、Hoi et al.（2013）、刘慧龙等（2014）以及邹萍（2018）的做法，本节选取了以下控制变量：企业规模（SIZE）、资产负债率（LEV）、资产净利率（ROA）、营业利润增长率（GROWTH）、固定资产比例（PPE）、产权性质（SOE）、第一大股东持股比例（SHR1）、IDR（独立董事比例）。具体变量定义如表4-1-1所示：

表4-1-1　　　　　　　变量定义表

变量名称	变量符号	变量定义
实际税负	ETR1	（上市公司当年支付的各项税费 – 当年的税费返还）/营业收入
	ETR2	（所得税费用 – 递延所得税）/税前利润总额

续表

变量名称	变量符号	变量定义
环保投资	EPI_dum	企业是否进行了环保投资,若企业披露了环保投资额则取1,否则取0
	EPI	环保投资额/期初总资产
财政盈余	FSURPLAS	(地方财政收入－地方财政支出)/当地GDP
控制变量	SIZE	企业规模(期末总资产的自然对数)
	LEV	资产负债率(负债与年末总资产之比)
	ROA	资产净利率(净利润与总资产之比)
	GROWTH	营业利润增长率
	PPE	固定资产比例(固定资产/总资产)
	SOE	产权性质,国有企业取值为1,否则为0
	SHR1	第一大股东持股比例
	IDR	董事会中独立董事所占比率
	YEAR	年度哑变量
	INDUSTRY	行业哑变量

(三) 模型构建

为了验证本节所提出的假设,本节建立了以下模型:

$$ETR1/ETR2 = \alpha_0 + \alpha_1 EPI\_dum/EPI + \sum Control + \varepsilon \tag{4-1-1}$$

其中,被解释变量 ETR 表示企业的实际税负水平,解释变量 EPI_dum 和 EPI,分别表示企业是否披露环保投资额和企业进行环保投资的金额大小。控制变量中包含行业虚拟变量和年度虚拟变量,分别用来控制行业效应和宏观环境因素。

三、实证分析

(一) 描述性统计

表 4-1-2 列示了各变量的描述性统计结果,其中,Panel A 是基于全样本的描述性统计结果。从表中可以看出,以税费支付和返还来衡量企业实际税负水平的指标 ETR1 均值为 0.0811、最大值为 0.32,说明企业的整体税负水平较低,且公司之间税负存在较大差异;以剔除递延所得税后的所得税费用来衡量企业实际税负水平的指标 ETR2 均值为 0.239,表明实际缴纳的所得税税率为 23.9%,低于 25% 的法定企业所得税税率,说明我国很多企业都进行了一定程度的避税活动,或是在征收环节享受到了政府的"隐性福利"。EPI_dum 的均值为 0.109,表明有 10.9% 的企业披露了环保投资额,这也说明我国目前进行环保投资的企业还比较少。从控制变量来看,财务杠杆(LEV)的均值为 0.437,说明样本公司的财务杠杆大概控制在 40%;成长性(GROWTH)的最大值为 19.5、最小值为 -3.998、标准差为 2.652,说明企业之间的成长性存在较大差异;股权集中度(SHR1)的均值为 36.25,说明样本公司第一大股东持股比例的均值为 36.25%,这符合我国上市公司股权结构较为集中的特点;独立董事比例(IDR)的均值为 0.371,说明样本公司的独立董事人数占比都达到了证监会要求的 1/3 以上的比例。Panel B 是基于披露环保投资额样本组的描述性统计结果,从表中可以看出,环保投资额(EPI)的均值为 0.00433,说明企业的平均环保投资仅占企业总资产的 0.433%。

表 4-1-3 列示了实际税负指标的均值检验结果。从表中可以看出,披露环保投资额企业的实际税负(ETR1)的均值为 0.073,显著低于未披露环保投资额企业的实际税负水平

(0.082); 衡量实际税负水平的另一个指标 ETR2 与 ETR1 相似, 披露环保投资额企业的实际税负均值比未披露企业的更低, 这初步验证了假设 4-1-1 的正确性。

表 4-1-2   主要变量的描述性统计

变量	N	均值	标准差	最小值	最大值
Panel A：全样本					
ETR1	12943	0.0811	0.0599	-0.0531	0.320
ETR2	12943	0.239	0.194	0.00124	1.468
EPI_dum	12943	0.109	0.312	0	1
SIZE	12943	22.06	1.280	19.70	25.95
LEV	12943	0.437	0.210	0.0483	0.883
ROA	12943	0.0511	0.0413	-0.0125	0.198
GROWTH	12943	0.644	2.652	-3.998	19.50
PPE	12943	0.231	0.173	0.00217	0.731
SOE	12943	0.453	0.498	0	1
SHR1	12943	36.25	15.40	8.950	75.73
IDR	12943	0.371	0.0530	0.308	0.571
Panel B：披露环保投资额的样本组					
ETR1	1411	0.0732	0.0630	-0.0531	0.320
ETR2	1411	0.232	0.167	0.00124	1.468
EPI	1411	0.00433	0.00517	$3.21e-08$	0.0159
SIZE	1411	22.55	1.251	19.70	25.95
LEV	1411	0.498	0.193	0.0483	0.883
ROA	1411	0.0429	0.0422	-0.0125	0.198
GROWTH	1411	0.817	2.937	-3.998	19.50
PPE	1411	0.383	0.163	0.0208	0.731
SOE	1411	0.671	0.470	0	1
SHR1	1411	39.08	15.71	8.950	75.73
IDR	1411	0.365	0.0487	0.308	0.571

表 4-1-3　　　　　　　　单变量检验

变量	EPI_dum = 1	均值	EPI_dum = 0	均值	T 检验
ETR1	1411	0.073	11532	0.082	-0.009***
ETR2	1411	0.232	11532	0.240	-0.008

（二）回归结果

1. 是否披露环保投资额与实际税负。表 4-1-4 列示了是否披露环保投资额与实际税负的回归结果。从表中可以看出，无论是用税费的支付与返还（ETR1），还是用剔除递延所得税后的所得税费用（ETR2）来衡量实际税负，EPI_dum 的回归系数均显著为负，这表明与未披露环保投资的企业相比，披露环保投资的企业平均实际税负水平更低，从而验证了假设 4-1-1 的正确性。回归结果也从侧面反映了企业以环保投资作为寻租手段迎合了地方政府对所辖地区环境保护的需求，而地方政府则通过减弱对企业的税收执法力度来对这类企业予以回报，企业因此而获得租金，即有机会实施更加激进的避税行为，获取更多的避税收益。

表 4-1-4　　是否披露环保投资额与实际税负的回归结果

	ETR1	ETR2
EPI_dum	-0.003** (-2.16)	-0.018** (-2.15)
SIZE	0.002 (1.33)	-0.0004 (-0.07)
LEV	-0.028*** (-4.68)	0.074*** (3.16)
ROA	0.137*** (7.89)	1.564*** (17.70)

续表

	ETR1	ETR2
GROWTH	-0.001*** (-5.68)	-0.002** (-2.55)
PPE	-0.011* (-1.75)	-0.058** (-2.11)
SOE	-0.002 (-0.53)	0.012 (0.67)
SHR1	0.0002*** (2.89)	0.0002 (0.70)
IDR	-0.011 (-0.89)	-0.024 (-0.42)
_cons	0.032 (0.67)	0.243 (1.41)
YEAR	控制	控制
INDUSTRY	控制	控制
$AdjR^2$	0.046	0.088
F value	7.889***	26.12***
N	12943	12943

注：括号内为基于稳健标准误修正的t值；***、**、*分别表示在1%、5%、10%水平显著。

2. 环保投资额大小与实际税负。前文已经证明了披露环保投资额的企业实际税负水平更低，那么，在这些披露环保投资额的企业中，地方政府对环保投资额较大的企业是否会给予更大的优惠呢？为此，本节对假设4-1-2进行了实证检验。表4-1-5列示了环保投资额与实际税负的回归结果。从表中可以看出，当实际税负以税费的支付与返还（ETR1）来衡量时，环保投资额（EPI）的系数为-1.047，且在1%上显著；当实际税负以剔除递延所得税后的所得税费用（ETR2）来衡量时，环保投资额（EPI）的系数为 -1.698，且在10%水平上显著，这表明了企业环保投资额越多，其平均实际税负水平越低，从而验证了假设4-1-2的正确性。

表4-1-5 环保投资额与实际税负的回归结果

	ETR1	ETR2
EPI	-1.047*** (-2.75)	-1.698* (-1.69)
SIZE	0.006* (1.94)	0.011* (1.87)
LEV	-0.046** (-2.12)	-0.016 (-0.44)
ROA	0.510*** (6.43)	1.003*** (7.32)
GROWTH	-0.001* (-1.84)	-0.001 (-0.84)
PPE	-0.006 (-0.31)	-0.073** (-2.17)
SOE	0.007 (0.98)	0.001 (0.12)
SHR1	0.0005 (0.32)	-0.001*** (-2.88)
IDR	0.032 (0.62)	-0.034 (-0.34)
_cons	-0.130* (-1.79)	0.326 (1.53)

续表

	ETR1	ETR2
YEAR	控制	控制
INDUSTRY	控制	控制
$AdjR^2$	0.299	0.0934
F value	14.97***	5.088***
N	1411	1411

注：括号内为基于稳健标准误修正的 t 值（下同）；***、**、* 分别表示在 1%、5%、10% 水平显著。

(三) 进一步分析

1. 产权性质的影响。国有企业是我国国民经济体系的重要组成部分，其经营目标与民营企业存在一定的差异。因此，本节进一步考察了不同产权性质下环保投资对实际税负的影响，表 4-1-6 列示了不同产权性质下环保投资与实际税负的回归结果。从表中可以看出，EPI 的系数在民营企业组中显著为负，而在国有企业组中不显著，这表明，环保投资对实际税负的影响主要体现在民营企业中。民营企业以利润最大化为目标，与国有企业相比，其财务弹性较差、融资约束严重，在市场竞争中有明显的劣势（邓建平、曾勇，2011），因而避税动机越强。与国有企业与政府存在"天然"的联系相比，民营企业为了获取政府的"认同"，主动进行环保投资来向政府寻租的动机更强。与民营企业不同，国有企业除了承担经济责任外，还承担了国家赋予的政治责任和社会责任。国有企业不但要获取利润，还要协助政府完成就业、提供公共服务和设施、维护社会稳定等任务（邹萍，2018）。因此，国有企业进行环保投资，一定程度上是出于承担社会责任，而不是和政府进行"利益交换"。另外，依法纳税以协助政府税收政策目标的完成，本身也是国有产权企业的职责之一（吴联生，2009），所以，国有企业避税的动机较弱。因此，环保投资对实际税负的影响在民营企业中更显著，而在国有企业中不显著。

表4-1-6 不同产权性质下环保投资与实际税负的回归结果

	ETR1	
	国有企业组	民营企业组
EPI	-1.322 (-0.98)	-2.988** (-2.12)
SIZE	0.013* (1.81)	0.004 (0.49)
LEV	-0.033 (-0.70)	0.031 (0.62)
ROA	0.932*** (5.43)	1.003*** (4.54)
GROWTH	-0.001 (-0.87)	-0.0003 (-0.09)
PPE	-0.116*** (-2.84)	0.018 (0.30)
SHR1	-0.001*** (-2.73)	-0.0004 (-0.83)
IDR	-0.038 (-0.31)	-0.028 (-0.16)
_cons	0.320 (1.43)	0.713*** (3.48)
YEAR	控制	控制
INDUSTRY	控制	控制
AdjR^2	0.113	0.110
F value	5.62***	3.86***
N	947	464

注：***、**、*分别表示在1%、5%、10%水平显著。

2. 制度环境的影响。良好的制度环境是市场经济建立的基础，其对市场的作用主要体现在两个方面：一是约束政府机关，使政府的行为更加符合法律规范的要求，避免政府过多地对市场进行干预，保证经济人获得稳定的预期；二是约束企业的行为，使企业在市场经济活动中能够公平地交易，促进市场健康有序地发展。我国当前正处于市场化进程中，制度环境的不完善是这个阶段重要特征之一。而不完善的制度环境可能会在一定程度上影响企业的寻租行为，企业会因为较弱的执法约束而更加肆意妄为地进行寻租活动，加大环保投资以迎合政府的需求并取得税收优惠。同时，政府也会在约束较弱的制度环境下利用权力干涉资源分配，将资源更多分配给与自身有互利关系的企业，帮助这些企业避税。因此，本节以樊纲等编制的《中国市场化指数》为制度环境的衡量指标，并参考李江涛、何苦（2012）的做法，检验制度环境对环保投资与企业实际税负的影响，以中位数为界，对样本划分并进行回归分析。其中，市场化指数赋值越高，表示此地区的制度建设越完善。

表 4-1-7 展示两组分样本的回归结果。从表中可以看到，在市场化程度低组的回归结果中，解释变量 EPI 与被解释变量 ETR1 在 5% 的水平下显著负相关；而在市场化程度高的回归结果中，EPI 与 ETR1 却呈现出不显著的负相关关系，表明在制度环境相对较差地区的上市公司，相较于其他上市公司而言，更有机会通过环保投资来换取更低的实际税负。

3. 财政压力的影响。在财政压力较大的情况下，为了保证政府机构的正常运转，地方政府通常会通过各种方法来增加财政收入，包括保证税收收入的额度。这对企业通过环保投资来减少企业实际税负这种寻租行为有一定的抑制作用，地方政府可能不愿意以减少税收收入为代价来完成环保方面的政治任务。因此，本

表4-1-7 不同制度环境下环保投资与实际税负的回归结果

	ETR1	
	市场化程度高组	市场化程度低组
EPI	-0.733 (-1.65)	-1.422** (-2.44)
SIZE	0.003 (1.23)	0.008 (1.43)
LEV	-0.044 (-1.56)	-0.047 (-1.53)
ROA	0.365*** (4.44)	0.729*** (5.94)
GROWTH	-0.001* (-1.89)	-0.001* (-1.96)
PPE	0.023 (1.11)	-0.043 (-1.56)
SOE	0.002 (0.34)	-0.002 (-0.14)
SHR1	0.0001 (0.81)	-0.0002 (-0.71)
IDR	-0.016 (-0.34)	0.018 (0.21)
_cons	-0.095* (-1.69)	-0.066 (-0.58)
YEAR	控制	控制
INDUSTRY	控制	控制
AdjR^2	0.177	0.460
F value	9.93***	20.10***
N	917	494

注：***、**、* 分别表示在1%、5%、10%水平显著。

节以财政盈余来对财政压力进行衡量,其计算方法借鉴钱先航等(2011)的做法,即财政盈余=(地方财政收入-地方财政支出)/当地GDP,同样以中位数为界,对样本划分并进行回归分析,检验财政压力对环保投资与企业实际税负的影响。

表4-1-8展示两组分样本回归结果。从表中可以看到,在财政盈余高组的回归结果中,解释变量EPI与被解释变量ETR1在1%的水平下显著负相关;而在财政盈余低组的回归结果中,EPI与ETR1却呈现出不显著的负相关关系,表明在财政盈余相对较高地区的上市公司,相较于其他上市公司而言,企业更加容易通过环保投资来换取更低的实际税负。

表4-1-8　不同财政压力下环保投资与实际税负的回归结果

	ETR1	
	财政盈余高组	财政盈余低组
EPI	-3.218*** (-2.93)	-0.519 (-0.30)
SIZE	-0.0003 (-0.05)	0.020** (2.11)
LEV	-0.020 (-0.45)	-0.001 (-0.02)
ROA	1.008*** (6.62)	0.972*** (4.30)
GROWTH	-0.003 (-1.23)	-0.0009 (-0.06)
PPE	-0.014 (-0.32)	-0.118** (-2.33)
SOE	-0.021 (-1.38)	0.020 (1.05)

续表

	ETR1	
	财政盈余高组	财政盈余低组
SHR1	-0.0001 (-0.44)	-0.002*** (-3.15)
IDR	-0.073 (-0.54)	0.003 (0.02)
_cons	0.745*** (4.71)	-0.220 (-1.22)
YEAR	控制	控制
INDUSTRY	控制	控制
AdjR²	0.123	0.120
F value	5.46***	4.28***
N	705	706

注：括号内为基于稳健标准误修正的 t 值；***、**、* 分别表示在1%、5%、10%水平显著。

（四）稳健性检验

为了验证本节实证结果的可靠性，采取了以下方法进行稳健性检验：

用环保投资额的自然对数（LNEPI）来代替变量 EPI，其回归结果如表 4-1-9 所示。从表中可以看出，LNEPI 的回归系数为 -0.003，且在1%水平上显著，表明环保投资越多的企业实际税负水平越低，与前文的回归结果一致，表明该研究结论较为可靠。

进行环保投资的企业与未进行环保投资的企业在许多特征上都存在较大差异，这些差异可能会影响本节结论的可靠性，故本节采取 PSM 匹配的方法进行了稳健性检验。表 4-1-10 报告了均衡性检验结果，可以看到，在匹配前，各变量之间存在显著差异，在匹配后，各变量的差异不再显著，表明通过 PSM 得到的配对样本有效地消除了控制变量可能存在的系统性差异，这符合 PSM 的平衡性假设。表 4-1-11 报告了 PSM 的检验结果，由 ATT 的结果可知，实验组（披露环保投资额的样本）的实际税负水平显著低于控制组，与假设 4-1-1 的研究结论相一致，表明该研究结论较为可靠。

表 4-1-9　　环保投资与实际税负的稳健性检验回归结果

	ETR1	
	系数	T 值
LNEPI	-0.003***	-2.71
SIZE	0.009***	2.76
LEV	-0.047**	-2.15
ROA	0.508***	6.41
GROWTH	-0.001*	-1.80
PPE	-0.005	-0.26
SOE	0.007	0.98
SHR1	0.0005	0.33
IDR	0.036	0.69
_cons	-0.155**	-2.12
YEAR	控制	
INDUSTRY	控制	
AdjR^2	0.298	
F value	15.06***	
N	1411	

注：***、**、* 分别表示在 1%、5%、10% 水平显著。

表 4-1-10　　　　　　均衡性检验结果

变量	匹配前（U）匹配后（M）	均值		t-test	
		实验组	控制组	T 值	P 值
SIZE	U	22.554	22.004	15.37	0.000
	M	22.553	22.463	1.84	0.066
LEV	U	0.498	0.429	11.71	0.000
	M	0.497	0.489	1.11	0.266
ROA	U	0.043	0.052	-7.93	0.000
	M	0.043	0.043	-0.72	0.474
GROWTH	U	0.816	0.621	2.62	0.009
	M	0.803	0.812	-0.08	0.936
PPE	U	0.382	0.212	36.79	0.000
	M	0.382	0.386	-0.64	0.522
SOE	U	0.671	0.426	17.60	0.000
	M	0.670	0.682	-0.64	0.520
SHR1	U	39.084	35.909	7.32	0.000
	M	39.08	38.825	0.43	0.667
IDR	U	0.364	0.371	-4.61	0.000
	M	0.364	0.366	-1.04	0.301

表 4-1-11　　　　　　PSM 分析结果

ETR1	实验组	控制组	DIFF	T 值
ATT	0.0731	0.0794	-0.0063***	-2.61

四、小结

我国有很多学者研究社会责任信息披露与企业税负的关系，很少有研究企业环保投资与实际税负的关系，并考虑制度环境等不可忽视的外部因素的作用。因此，本节选取 2009—2016 年全部A股上市公司作为研究样本,对企业环保投资与实际税负之间的关系进行实证检验发现:(1)企业通过寻找寻租机会,进行环保投资能够迎合政府的需求,从而降低企业的实际税负;(2)在财政盈余相对较高地区的上市公司,企业寻租更加便利,相较于其他上市公司而言,企业更加容易通过环保投资来换取更低的实际税负;(3)由于我国的特殊国情,产权性质和地区制度环境的不同,导致企业之间的经济情况参差不齐,进行环保投资的动力也差异巨大。研究发现,环保投资对企业实际税负的缓解作用主要体现在民营企业中,而相比于其他的地区,在制度环境较差的地区这种作用会更加显著。

基于本节的研究结论,不难发现,我国目前的环保投资法律制度建设仍处于初级阶段,难以有效约束企业环保投资的寻租行为,而相对较弱的制度环境也在一定程度上为企业的这种寻租行为提供了机会。因此,政府监管层应完善上市公司环保投资的相关制度,并在进行制度建设时充分考虑不同企业进行环保投资动力的差异,以保证相关政策得以有效执行。同时,企业也需要加大环保投资的力度,有效地向市场传达履行社会责任的良好形象,让企业得以健康、持续发展。

第二节 高管激励与实际税负

在现代企业制度下,所有权与经营权相分离,由此带来的道德风险、逆向选择等问题一直是学术界关注的焦点(Holmstrom,1979;Shavell,1979)。由于管理层的利益往往与股东利益不一致,管理层会利用自己的信息优势作出一些对自身有利而对企业不利的决策,从而引发代理问题。而高管激励被视为一种重要的公司治理机制，能够在一定程度上缓解管理层与股东利益的不一致，降低企业的代理成本（Flor et al.，2005）。大量学者对高管激励进行了丰富的研究，涉及契约的设计、高管激励的影响因素及其经济后果等多个角度，但在关于经济后果的研究中，以往学者对高管激励效果的考察主要集中在企业经营绩效（周仁俊等，2010）、投资行为（詹雷、王瑶瑶，2013）、风险承担（Wright et al.，2010；张瑞君等，2013）等方面，而鲜有文献将实际税负作为高管激励效果的一个方面进行考察。实际税负是影响企业价值的一个重要因素（吴联生，2009），能够直接创造现金流，增加留存收益，但无论是合法的税收筹划，还是不合法的偷税漏税，都是违背企业社会责任的行为，具有一定的风险（邹萍，2018）。高管是否具有动力去进行税收筹划，承担一定风险来降低企业实际税负，还是选择保守的方式拒绝税收筹划，其背后的机理值得本节进一步研究。

也有一些文献涉及高管激励与实际税负的话题。Phillips（2003）通过问卷调查发现，将税后利润纳入部门绩效考核，并将部门经理的报酬与税后收入挂钩，企业实际税负会显著降低。Amstrong et al.（2009）进一步扩大研究样本后提出了同样的结论，即税后利润考核和高管薪酬激励能降低企业实际税负。然而，Desai et al.（2006）考虑了企业治理结构的影响后发现，高管权益激励并不会降低企业的实际税负，企业的避税程度会出现一定程度的下降。由此可见，对于高管激励对实际税负的影响仍存在不同的研究结论，而且国外的制度环境与我国不同，因此，研究我国制度环境下高管激励对实际税负的影响，具有增量贡献。在国内，吕伟和李明辉（2012）对高管激励与企业避税行为进行了开创性的研究，研究发现，随着管理层激励的增强，高管人员愿意承担更大避税风险以进行避税活动。本节与他们的研究的不同之处主要体现在以下两个方面：（1）吕伟和李明辉（2012）的研究样本期间较早，处于中国所得税改革新制度实施之前，而本节的研究样本始于2009年，处于所得税改革新制度实施之后，因而得出了不一致的结论，即高管持股激励能够增加管理层避税的动力，与企业实际税负负相关，而货币薪酬激励则相反，会使管理层更为保守，与企业实际税负正相关。（2）本节在考察高管激励与实际税负的关系的基础上，进一步将样本分为国有企业和非国有企业、行业竞争程度较高的企业和行业竞争程度较低的企业，以研究不同产权性质和行业环境对两者关系的影响。

一、理论分析与研究假设

企业高管通过税收筹划、发挥自身影响力等方式来降低企业实际税负，但这种避税行为是一把"双刃剑"。一方面，避税行为能够为企业节约现金流，提升企业价值，进而提高高管的经营业绩；另一方面，避税活动也具有一定的风险，高管可能因为避税活动的失败而承担相应责任，也可能会失去现有的职位和名誉。因此，企业的实际税负在一定程度上取决于高管是否有动力进行纳税筹划。高管激励机制是解决股东和高管代理冲突的有效方法（詹雷、王瑶瑶，2013），对高管实施有效的激励可以使管理层与股东利益趋于一致，从而降低代理成本。因此，高管激励可以促使高管更为努力地工作，包括精心策划避税活动等来提高自己的经营业绩。

然而，不同的激励形式和激励水平对管理层有着不同的激励效果（周仁俊等，2010）。在我国，货币薪酬和高管持股是目前最主要的两种高管激励方式，这两种方式对高管的影响也有一定的区别。对于高管持股激励而言，让高管直接持有公司的部分股票，可以使高管获得对企业剩余价值的分配权，这种方法将高管个人利益与企业利益捆绑在一起，有效地解决了道德风险问题，从而使高管更加积极地参与企业生产经营，更有动力实施纳税筹划，降低企业的实际税负。但解决高管的惰性只是其中的一个方面，高管愿不愿意实施避税活动还取决于高管的风险承担水平，即实施避税活动所带来的收益是否会超过其所带来的风险。已有大量的文献表明，高管持股有助于管理层克服风险规避倾向（Wright et al.，2007；苏坤，2015）。为了提高企业的留存收益、实现自身财富的最大化，高管更愿意发挥自身影响力并承担风险，进行激进的税收筹划活动，降低企业实际税负。

与高管持股激励不同的是，货币薪酬激励会降低高管的风险承担水平。当高管货币薪酬中的固定薪酬比例越高，管理者越会为保护现有收入而规避风险，并且，薪酬激励中的绩效薪酬部分能够促使高管更加努力工作，为了维持稳定的现金流、达到预定的业绩目标，高管会放弃高风险的投资项目（Gao and Sudarsanam，2005）。由此可见，货币薪酬激励越高，高管会更加稳健和保守，因而会避免激进的避税活动，而通过其他方式来提高经营业绩，因此，企业的实际税负水平也越高。

综上所述，本节提出第一个假设，即假设4-2-1a：高管货币薪酬与企业实际税负正相关；假设4-2-1b：高管持股比例与企业实际税负负相关。

由于特殊的制度背景，我国证券市场中存在着大量的国有企业。与非国有企业相比，国有企业经理人的薪酬与业绩并不完全挂钩，薪酬激励效果较差，因而，高管缺乏动力进行税收筹划活动。为了维持现有的薪资水平，国有企业的高管规避风险的意愿更强，更不倾向于通过避税活动来提高企业价值。而且相较于民营企业，国有企业需要更多地承担社会责任、缴纳税款（张纯、吕伟，2011），导致避税活动在国有企业发生的概率更低。因此，高管货币薪酬与企业实际税负的正相关关系在国有企业中更显著。

在我国，为了防止国有资产的流失，国资委对国有控股上市公司的高管持股激励制定了较为严格的监管制度，因而，我国的国有上市公司高管持股比例普遍较低，这可能会限制高管与股东利益协调作用的发挥，从而削弱了高管持股激励的治理效应。与国有企业相比，非国有企业并不存在这样的问题。由于民营上市公司最终控制人为自然人，追逐利益是企业最大的经营目标，因而在民营上市公司中，各种激励制度执行得更为有效，在这种环境下，高管持股激励所发挥的作用也越明显。因此，高管激励与企业实际税负的负相关关系在非国有企业中更为显著。

综上所述，本节提出第二个假设，即假设 4-2-2a：高管货币薪酬与企业实际税负的正相关关系在国有企业中更显著；假设 4-2-2b：高管持股比例与企业实际税负的负相关关系在非国有企业中更显著。

高管激励所发挥的作用还会受到行业竞争程度的影响。Yao et al.（2009）研究发现，竞争为相对业绩比较提供了更大的可能。也就是说，在较强的市场竞争环境下，股东更容易识别管理层的努力程度，因而对管理层的监督成本更低。当行业竞争程度较高时，企业获得超额利润的难度越大，高管面对的业绩压力越大，为了业绩达标和自己的声誉，高管越有动力认真工作，通过各种手段提高企业盈利，包括税收筹划等，因此，行业竞争也被视为一种有效的外部治理机制，能够促使管理层努力工作，缓解管理层和股东之间的代理问题（邢立全、陈汉文，2013）。由此可见，行业竞争可以替代部分高管持股激励所起到的作用，即行业竞争程度越高，高管持股激励对实际税负的影响越不明显，而行业竞争程度较低时，高管持股激励对实际税负的影响就会凸显出来。

货币薪酬激励的治理效应也会受到行业竞争的影响。当行业竞争程度越低时，企业越容易获得超额利润，高管的业绩目标也越容易达成，在这种情况下，高管规避风险的意愿更强烈，更不愿意通过避税活动来提高经营业绩，因而企业的实际税负水平也越高。因此，货币薪酬激励与实际税负的正相关关系在行业竞争程度较低时更为显著。

综上所述，本节提出第三个假设，即假设4-2-3：无论是高管持股激励还是货币薪酬激励，高管激励对企业实际税负的影响在行业竞争程度较低时更显著。

二、研究设计

（一）样本选择和数据来源

本节选取2009—2017年全部A股上市公司作为初始研究样本，并做了如下处理：（1）按照惯例剔除公司特征差异较大的金融行业公司样本；（2）剔除所有ST、*ST公司样本；（3）剔除主要变量缺失的公司样本。经过筛选后，本节共计得到了18565个样本。为了避免极端值的影响，本节对所有连续变量进行了上下1%的Winsorize处理。本节的数据均来自CSMAR数据库和WIND数据库，并使用Excel和STATA 14.0进行处理。

（二）模型设定与变量定义

为了检验不同高管激励方式对企业实际税负的影响，本节构建了如下模型并对其进行多元回归分析：

$$ETR = \beta_0 + \beta_1 Ownership + \beta_2 Lnpay + \sum Control + \varepsilon$$

$$(4-2-1)$$

其中，ETR（Effective Tax Rate，ETR）表示公司的实际税负水平，本节参照Dyreng et al.（2010）、吴联生（2009）、李万福等（2012）、刘慧龙等（2014）的研究，将实际税负定义为：

(所得税费用-递延所得税)/税前利润总额。在稳健性检验中,本节参照邹萍(2018)的研究,将实际税负定义为:(上市公司当年支付的各项税费-当年的税费返还)/营业收入,以增加结论的可靠性。

Ownership 和 Lnpay 表示两种不同的高管激励方式。Ownership 表示高管持股,以高管持股比例来衡量。通过持股,高管可以参与企业剩余价值的分配,这使管理层与股东的利益趋于一致,可以激励管理层去努力创造更多的收益,从而降低代理成本。Lnpay 表示货币薪酬激励,参照辛清泉等(2007)、詹雷等(2013)、张瑞君等(2013)的做法,采用高管前三名货币薪酬之和的自然对数进行衡量。

Comphhi 表示行业竞争程度。参照陈骏等(2011)、邢立全等(2013)的做法,以行业集中度来衡量行业竞争程度。行业集中度的计算方式为每年各行业内上市公司营业收入占行业总营业收入比重的平方和,即 $Comphhi = \sum (X_i/X)^2$,X_i 表示企业 i 当年的营业收入。Comphhi 越接近 0,表明该行业内竞争越激烈。

在控制变量的选取上,本节参照 Dyreng et al.(2010)、吴联生(2009)、李万福等(2012)的研究,选取了一系列有关变量进行了控制,相关变量定义参见表 4-2-1。鉴于不同行业和年度的公司税负可能存在较大差异,本节在模型中控制了行业和年度层面的固定效应。

表 4-2-1　　　　　　　　变量定义表

变量名称	变量符号	变量定义
实际税负	ETR	(所得税费用-递延所得税)/税前利润总额
高管激励	Ownership	前一年的高管持股比例
	Lnpay	前一年前三名高管总薪酬的自然对数

续表

变量名称	变量符号	变量定义
行业竞争	Comphhi	赫芬达尔－赫希曼指数（HHI），即每年各行业内上市公司营业收入占行业总营业收入比重的平方和
控制变量	Lnsales	企业规模（期末营业收入的自然对数）
	LEV	资产负债率（负债与年末总资产之比）
	ROA	资产净利率（净利润与总资产之比）
	GROWTH	营业利润增长率
	PPE	固定资产比例（固定资产与年末总资产之比）
	SOE	产权性质，国有企业取值为1，否则为0
	SHR1	第一大股东持股比例
	IDR	董事会中独立董事所占比率
	Supervisor	监事会人数，用以代表监事会的规模
	YEAR	年度哑变量
	INDUSTRY	行业哑变量

三、实证分析

（一）描述性统计

表4-2-2报告了主要变量的描述性统计结果。从表中可以看出，ETR的均值为0.235，表明企业实际缴纳的所得税平均税率为23.5%，低于25%的法定企业所得税税率；ETR的中位数为0.185，说明有50%的企业能够将实际税率保持在18.5%以下；从标准差0.216来看，不同公司间的实际税负差异较大。Ownership的均值为0.067、中位数为0.0001，表明在多数上市公司中高管持股比例都比较低。Lnpay的均值为14.07、中位数为14.08、标准差为0.75，表明上市公司的前三名高管薪酬总和差异较小。

在其他变量中，LEV 的均值为 0.44、最小值为 0.046、最大值超过了 1，表明上市公司之间资产负债率水平差异较大。SOE 的均值为 0.42，表明有 42% 的样本为国有企业。独立董事比例 IDR 的均值为 0.371、中位数为 0.333，符合证监会关于董事会成员中独立董事比例不得小于 1/3 的规定。第一大股东持股比例 SHR1 的均值为 35.88、最大值为 75.9，表明我国上市公司大股东控股现象较为严重。

表 4-2-2　　主要变量的描述性统计

变量	均值	中位数	标准差	最小值	最大值
ETR	0.235	0.185	0.216	0	1.475
Ownership	0.067	0.0001	0.139	0	0.615
Lnpay	14.07	14.08	0.750	12.07	16.01
Lnsales	21.20	21.09	1.481	17.31	25.31
LEV	0.440	0.433	0.222	0.046	1.050
ROA	0.048	0.042	0.061	-0.175	0.246
GROWTH	0.228	0.122	0.608	-0.607	4.503
PPE	0.229	0.193	0.171	0.002	0.734
SOE	0.420	0	0.494	0	1
SHR1	35.88	33.92	15.49	8.89	75.9
IDR	0.371	0.333	0.055	0.091	0.800
Supervisor	3.667	3	1.169	0	14

（二）回归结果

1. 高管激励与实际税负。表 4-2-3 报告了不同高管激励方式与企业实际税负的回归结果。列（1）将 Ownership 单独放入模型中进行检验，可以看出，Ownership 的系数为 -0.008，且在 10% 上显著，表明高管持股有助于降低代理成本，提高高管的风险承担水平，进而使高管有更多的动力从事税收筹划活动，从而降低企业的实际税负，这验证了假设 4-2-1a 的正确性。列（2）将 Lnpay 单独放入模型中，可以看出，Lnpay 的系数为 0.007，且在 1% 水平上显著，这说明货币薪酬激励会降低高管的风险偏好，越高的货币薪酬会导致高管越不倾向于从事税收筹划活动来提高业绩，以免因税收筹划失败而承担责任，失去现有的薪资水平，这验证了假设 4-2-1b 的正确性，即货币薪酬激励与企业实际税负正相关。列（3）将 Ownership 和 Lnpay 同时放入一个模型中，可以看出，Ownership 的系数为 -0.009，在 5% 水平上显著，Lnpay 的系数为 0.007，在 1% 水平上显著，与列（1）和列（2）的结果一致，调整后的 R^2 从原本的 0.118、0.120 上升至 0.123，说明列（3）的拟合效果更好。

在控制变量中，资产负债率（LEV）与企业实际税负负相关，表明利息的税盾功能导致财务杠杆高的公司其实际税率相对要低；ROA 的系数显著为正，表明盈利能力越强的公司，实际缴纳的税收更多，这与 Gupta et al.（1997）的研究结论一致；固定资产比例（PPE）的系数显著为负，表明长期资产的加速折旧可以降低公司的实际税负水平，这与实际情况也相符。

表 4-2-3　　高管激励与实际税负的回归结果

	ETR (1)	ETR (2)	ETR (3)
Ownership	-0.008 * (-1.74)		-0.009 ** (-2.08)
Lnpay		0.007 *** (8.97)	0.007 *** (9.16)
Lnsales	-0.013 *** (-22.32)	-0.014 *** (-24.53)	-0.014 *** (-23.79)

续表

	ETR（1）	ETR（2）	ETR（3）
LEV	-0.003 (-1.33)	-0.003 (-1.05)	-0.003 (-1.04)
ROA	0.137*** (20.83)	0.140*** (22.08)	0.137*** (20.71)
GROWTH	-0.008*** (-15.96)	-0.007*** (-14.62)	-0.007*** (-14.08)
PPE	-0.019*** (-5.40)	-0.014*** (-4.32)	-0.017*** (-4.90)
SOE	-0.003 (-1.60)	-0.001 (-0.71)	-0.003 (-1.48)
SHR1	0.0003*** (6.03)	0.0003*** (6.07)	0.0003*** (6.22)
IDR	-0.002 (-0.26)	-0.002 (-0.26)	-0.003 (-0.40)
Supervisor	-0.0005 (-0.81)	-0.0001 (-0.22)	-0.0003 (-0.56)
Year	Control	Control	Control
Industry	Control	Control	Control
_cons	0.299*** (19.84)	0.233*** (14.27)	0.224*** (13.12)
AdjR^2	0.118	0.120	0.123
F value	55.26***	58.77***	56.16***
N	18565	18565	18565

注：***、**、* 分别表示在1%、5%、10%水平上统计显著。

2. 产权性质、高管激励与实际税负的回归结果。为了验证不同产权性质对高管激励与实际税负之间关系的影响，本节在模型（4-2-1）中加入了 Ownership 与 SOE 的交乘项和 Lnpay 与 SOE 的交乘项，其结果如表 4-2-4 所示。列（1）为加入交乘项后的回归结果，可以看出，Ownership 与 ETR 显著负相关，Lnpay 与 ETR 显著正相关，这与假设 4-2-1 的结果相一致。Ownership 与 SOE 的交乘项系数为 0.084，且在 10% 上显著，说明国有产权性质会削弱高管持股与实际税负的负相关关系，即高管持股的激励作用在非国有企业中更为显著，这验证了假设 4-2-2a 的正确性。Lnpay 与 SOE 的交乘项系数为 0.002，且在 10% 上显著，说明国有产权性质存在正向调节的作用，能够增强货币薪酬与实际税负的正相关关系，这验证了假设 4-2-2b 的正确性。本节进一步将样本分为国有企业组和非国有企业组分别进行回归。从表中可以发现：Ownership 与 ETR 的负相关关系只有在非国有企业组中显著，而在国有企业组中不显著，与列（1）的回归结果一致；Lnpay 与 ETR 的正相关关系在国有企业和非国有企业中都显著，从列（1）交乘项系数为正的结果来看，货币薪酬对实际税负的正相关关系在国有企业中更为显著。

表 4-2-4　不同产权性质下高管激励与实际税负的回归结果

	ETR	ETR	ETR
	全样本（1）	非国有企业组（2）	国有企业组（3）
Ownership	-0.010** (-2.22)	-0.011** (-2.06)	-0.071 (-1.47)
Lnpay	0.007*** (8.41)	0.007*** (4.38)	0.006*** (5.32)

续表

	ETR	ETR	ETR
	全样本（1）	非国有企业组（2）	国有企业组（3）
SOE	-0.033**		
	(-2.06)		
Ownership×SOE	0.084*		
	(1.90)		
Lnpay×SOE	0.002*		
	(1.84)		
Lnsales	-0.014***	-0.014***	-0.014***
	(-23.73)	(-7.33)	(-14.03)
LEV	-0.002	0.000	-0.006
	(-0.85)	(0.06)	(-1.34)
ROA	0.135***	0.132***	0.136***
	(20.29)	(8.30)	(13.08)
GROWTH	-0.007***	-0.007***	-0.007***
	(-14.09)	(-5.51)	(-9.78)
PPE	-0.017***	-0.035***	0.004
	(-4.83)	(-4.21)	(0.78)
SHR1	0.000***	0.000***	0.000***
	(5.98)	(3.24)	(4.20)
IDR	-0.003	-0.008	0.008
	(-0.42)	(-0.49)	(0.76)
Supervisor	-0.000	-0.000	0.000
	(-0.52)	(-0.12)	(0.28)
Year	Control	Control	Control

续表

	ETR	ETR	ETR
	全样本（1）	非国有企业组（2）	国有企业组（3）
Industry	Control	Control	Control
_cons	0.230***	0.223***	0.236***
	(13.31)	(4.17)	(8.62)
AdjR^2	0.123	0.125	0.113
F value	53.49***	11.06***	22.35***
N	18565	10938	7627

注：***、**、* 分别表示在1%、5%、10%水平上统计显著。

3. 行业竞争、高管激励与实际税负。高管激励对实际税负的影响还会受到外部竞争环境的影响。为了研究不同行业竞争程度的影响，本节在模型（4-2-1）中分别加入了 Ownership 与 Comphhi 的交乘项和 Lnpay 与 Comphhi 的交乘项。表4-2-5 第（1）列展示了加入交乘项后的回归结果，可以看出，Ownership 与 Comphhi 的交乘项系数为负，表明行业竞争程度越低，高管持股对实际税负的影响越大，即高管持股与实际税负的负相关关系在行业竞争程度较低时更为显著。行业竞争是一种监督激励机制，能够促使管理层努力工作，缓解管理层和股东之间的代理问题（邢立全、陈汉文，2013），因此，行业竞争与高管持股激励形成相互替代的关系。Lnpay 与 Comphhi 的交乘项系数显著为正，表明货币薪酬激励对企业实际税负的影响在行业竞争程度较低时更为显著。行业竞争程度越低，企业获得超额利润的可能性越大，高管面临的业绩压力越小，因而会变得更加懒惰和保守，从而导致更高的实际税负。由于 Ownership 与 Comphhi 的交乘项系数不显著，本节根据 Comphhi 的中位数进行分组，将样本分为行业竞争程度低组和行业竞争程度高组，进一步检验不同行业竞争程度下高管激励对实际税负的影响。从表 4-2-5 的第（2）列和第（3）列可以看出，Ownership 与 ETR 的负相关关系只有在行业竞争程度低组中显著，而在行业竞争程度高组中不显著，这与列（1）的结果相一致。Lnpay 与 ETR 的正相关关系也只在行业竞争程度低组中显著，这说明无论是高管持股激励还是货币薪酬激励，其对实际税负的影响都在行业竞争程度较低时更为显著，这验证了假设 4-2-3 的正确性。

表 4-2-5　　不同行业竞争程度下高管激励与实际税负的回归结果

	ETR	ETR	ETR
	全样本（1）	行业竞争程度低组（2）	行业竞争程度高组（3）
Ownership	-0.009* (-1.92)	-0.013* (-1.74)	-0.001 (-0.13)
Lnpay	0.009*** (9.86)	0.008*** (4.56)	0.001 (0.99)
Comphhi	-0.309*** (-3.66)		
Ownership × Comphhi	-0.029 (-1.10)		
Lnpay × Comphhi	0.021*** (3.56)		
Lnsales	-0.015*** (-25.52)	-0.018*** (-8.10)	-0.001 (-0.40)
LEV	-0.002 (-0.90)	0.000 (0.03)	-0.015** (-2.21)
ROA	0.131*** (20.06)	0.113*** (6.14)	0.109*** (7.26)
GROWTH	-0.007*** (-14.85)	-0.009*** (-5.96)	-0.006*** (-5.90)

续表

	ETR 全样本（1）	ETR 行业竞争程度低组（2）	ETR 行业竞争程度高组（3）
PPE	-0.014*** (-4.17)	-0.018* (-1.86)	-0.018** (-2.29)
SOE	-0.002 (-1.12)	0.002 (0.32)	0.002 (0.29)
SHR1	0.000*** (5.67)	0.000** (2.36)	0.000 (1.53)
IDR	-0.003 (-0.41)	-0.027 (-1.62)	0.013 (1.11)
Supervisor	-0.001 (-0.86)	0.001 (0.75)	-0.001 (-0.92)
Year	Control	Control	Control
Industry	Control	Control	Control
_cons	0.227*** (12.63)	0.315*** (6.24)	0.055 (1.21)
AdjR^2	0.125	0.132	0.059
F value	53.62***	11.14***	9.916***
N	18565	9203	9362

注：***、**、* 分别表示在1%、5%、10%水平上统计显著。

（三）稳健性检验

为了使研究结论更可靠，本节参照邹萍（2018）的做法，以"（上市公司当年支付的各项税费－当年的税费返还）/营业收入"来重新衡量企业的实际税负水平，分别对本节上述的三个假设重新回归，其回归结果如表4－2－6和表4－2－7所示。从表4－2－6可以看出，Ownership与ETR显著负相关，Lnpay

与 ETR 显著正相关,与主回归结果相一致。按产权性质进行分组后本节可以发现,高管持股激励对实际税负的影响仅在非国有企业中显著,而货币薪酬激励对企业实际税负的影响仅在国有企业中显著,这进一步验证了假设 4-2-2 的正确性。从表 4-2-7 可以看出,在按照 Comphhi 的中位数将样本分为行业竞争程度低组和行业竞争程度高组后,无论是高管持股激励还是货币薪酬激励,其对企业实际税负的影响都只在行业竞争程度较低时显著,这进一步验证了假设 4-2-3 的正确性。

表 4-2-6 高管激励与实际税负的稳健性检验结果

	ETR 全样本(1)	ETR 非国有企业组(2)	ETR 国有企业组(3)
Ownership	-0.055* (-1.71)	-0.070* (-1.80)	0.042 (0.07)
Lnpay	0.012* (1.70)	0.011 (1.24)	0.018* (1.66)
Lnsales	0.004 (0.91)	-0.005 (-0.82)	0.015* (1.73)
LEV	-0.018 (-0.86)	0.016 (0.62)	-0.075** (-2.06)
ROA	-0.045 (-0.81)	-0.021 (-0.32)	-0.133 (-1.37)
GROWTH	0.002 (0.43)	0.002 (0.32)	0.003 (0.52)
PPE	-0.106*** (-3.38)	-0.065* (-1.74)	-0.165*** (-3.10)
SOE	0.021 (1.00)		

续表

	ETR	ETR	ETR
	全样本（1）	非国有企业组（2）	国有企业组（3）
SHR1	0.001** (2.56)	0.001 (1.14)	0.002*** (2.87)
IDR	0.059 (0.92)	0.037 (0.46)	0.074 (0.73)
Supervisor	0.003 (0.60)	-0.001 (-0.07)	0.006 (0.83)
Year	Control	Control	Control
Industry	Control	Control	Control
_cons	-0.155 (-1.12)	-0.025 (-0.11)	-0.439* (-1.81)
AdjR^2	0.011	0.012	0.020
F value	4.039***	2.62***	3.43***
N	18565	10938	7627

注：***、**、* 分别表示在1%、5%、10%水平上统计显著。

表4-2-7 不同行业竞争程度下高管激励与实际税负的稳健性检验结果

	ETR	ETR
	行业竞争程度低组（1）	行业竞争程度高组（2）
Ownership	-0.102* (-1.91)	0.001 (0.04)
Lnpay	0.023* (1.84)	0.014 (1.44)
Lnsales	0.001 (0.16)	0.012 (1.18)

续表

	ETR	ETR
	行业竞争程度低组（1）	行业竞争程度高组（2）
LEV	0.081**	0.054
	(2.19)	(1.63)
ROA	0.354***	0.402***
	(3.90)	(5.65)
GROWTH	-0.001	0.004
	(-0.20)	(0.59)
PPE	0.007	-0.036
	(0.15)	(-0.73)
SOE	0.042	-0.029
	(1.24)	(-0.80)
SHR1	-0.000	0.000
	(-0.14)	(0.28)
IDR	0.002	-0.006
	(0.02)	(-0.06)
Supervisor	0.015*	0.000
	(1.68)	(0.01)
Year	Control	Control
Industry	Control	Control
_cons	-0.298	-0.379*
	(-1.27)	(-1.71)
AdjR^2	0.018	0.014
F value	3.314***	4.838***
N	9203	9362

注：***、**、* 分别表示在1%、5%、10%水平上统计显著。

四、小结

本节以 2009—2017 年 A 股上市公司为研究对象,对行业竞争、高管激励和企业实际税负之间的关系进行实证检验发现:(1) 高管激励与企业实际税负之间的关系会因高管薪酬激励方式的不同而不同,高管货币薪酬与企业实际税负正相关,而高管持股比例与企业实际税负负相关;(2) 区分产权后发现,高管货币薪酬与企业实际税负的正相关关系在国有企业中更显著,而高管持股比例与企业实际税负的负相关关系在非国有企业中更显著;(3) 无论是高管持股激励还是货币薪酬激励,其对实际税负的影响都在行业竞争程度较低时更为显著。上述研究结论表明,对于企业的避税行为,不同的激励方式具有不同的治理效应,而且不同的产权性质和不同的行业竞争环境会影响高管激励的效果。

基于上述研究结论,本节提出以下建议:首先,我国企业应该根据自身的特点与经营环境,构建合理的高管激励体系,充分利用两种不同激励方式所带来的治理效应,防止因高管激励不当而增加企业实际税负,甚至影响企业绩效;其次,企业也需要完善内部治理机制,在实施激励的同时防止高管的过度避税行为,使高管的避税活动在合法的基础上进行;最后,企业在生产经营过程中还应考虑外部环境的影响,根据不同的竞争环境设计高管激励方案,以实现企业价值的最大化。

第三节 企业避税与财务绩效

近年来,为了促进国民经济持续稳定增长,我国政府陆续出台了多项税收优惠政策，为企业经济发展提供助力。税收优惠政策的存在，会使得同一集团内不同企业之间的税率存在一定差异。企业集团就有动机利用税率差异，通过一些避税行为达到降低集团整体税负的目的（Klassen et al., 1993；Gramlich et al., 2004；Lo et al., 2010；Shevlin et al., 2012）。税收规避作为企业的一种税收筹划活动，是企业普遍存在的一种现象，可以实现社会财富由国家向企业的转移（Desai and Dharmapala, 2009），减少企业的税收支出，提高企业的现金持有水平（Lanis and Richardson, 2011）。而货币资金是企业流动性最强的资产，可以用于缓解融资约束（陈作华，2018；刘树海，2019），改善资金方面的困境，扩大企业的投资规模（刘行、叶康涛，2013；陈北国、杨孝安，2015），进而影响企业的资产回报率。

企业在进行纳税筹划以符合税收优惠政策时，也会带来各种显性或隐性的成本支出，造成负面效应（Balakrishnan, 2011；Hope, 2013；姚立杰、付方佳，2018）。由于避税活动本身的隐蔽性和复杂性（蔡宏标、饶品贵，2015），企业财务信息的不透明会加剧内、外部信息不对称的程度（Chen and Chu, 2005；Desai et al., 2007；陈冬，2012），为管理者自利、寻租行为提供了机会（Schadewald et al., 2005；叶康涛、刘行，2014；刘英男、赵洋，2019），掩盖其谋取私利的真实目的（Kim et al., 2011）。两权分离所导致的委托-代理问题，会直接或间接地增加内部代理成本，而代理成本本身会负向调节避税所能带来的积极影响。

因此，本节利用沪、深两市A股上市公司2009—2017年数据，对企业避税对财务绩效的影响以及内部代理成本对这种影响的调节作用进行研究。虽然现有文献针对避税行为对于企业价值的关系作了大量探讨，但鲜有研究讨论企业避税行为对于其财务绩效或资产回报率的影响。本节发现，合理避税会有效提升企业资产回报率，可为企业通过合理有效的避税行为提升财务绩效提供有益参考；本节还丰富和拓展了内部代理成本的研究。从代理成本的角度出发，研究其对于企业避税之于财务绩效的调节作用，拓展、丰富了相关文献，为企业不断提升资产回报率提供了相应的理论基础。

一、理论分析与研究假设

（一）企业避税对财务绩效的影响

企业的税收规避行为是将本应上缴给税务机关的利润留存在内部的一种方式。有效避税节约了税收成本支出，增加了企业的税后收益（Hanlon and Heitzman，2010；汪猛、徐经长，2016），充裕了企业的现金流（Lanis and Richardson，2011；刘行、叶康涛，2013）。充足的货币资金是企业经营服务可持续发展的源泉，有利于企业合理安排支出，提高资金配置效率（童锦治、黄克珑，2015）。一方面，企业可以利用节约的现金流进行有效投资（陈北国、杨孝安，2015；Gary et al.，2016），扩大投资规模。投资是企业不可或缺的一部分，良好的投资机会可以为企业带来持续、稳定的高额收益，最终转化为净利润，提高企业的资产回报率；另一方面，充裕的现金流可以缓解企业的融资约束（刘行、吕长江，2018；刘英男、赵洋，2019），减少银行信贷以及其他长期借款的负担，进而有效降低企业借款利息和其他偿债成本，变相提高了企业的净利润，有助于企业财务绩效的稳步提升。据此，本节提出假设4-3-1：企业合理避税将会提高企业财务绩效。

（二）内部代理成本对财务绩效的影响

现代企业两权分离衍生了委托-代理关系，所有者和管理层两者之间的信息不对称易造成道德风险和逆向选择（Berle and Means，1932）。内部代理问题势必会产生内部代理成本，主要包括股东的监督成本、管理层的守约成本以及决策变化所产生的剩余成本（Jensen and Meckling，1976）。两权分离程度越高，企业所有者往往需要承担越多的代理成本（肖作平，2012；彭若弘、于文超，2018）。在现代企业中，信息不对称是普遍存在的一个问题（王鹏，2008；罗明琦、宋常，2014；姚贝贝、林爱梅，2018）。因为管理层相对于所有者而言，在企业日常经营管理的过程中掌握着更多的信息资源，所以有机会利用职务之便谋取私利，导致内部代理成本的增加，最终影响期末净利润，削弱企业财务绩效。据此，提出假设4-3-2：内部代理成本将会削弱企业财务绩效。

（三）内部代理成本的调节作用

企业大多利用关联交易等复杂的交易活动来进行税收筹划（黄蓉、易阳，2013）。虽然能够带来税后增值收益，但由于筹划过于复杂，会在一定程度上增加会计信息的噪声，降低会计信息的透明度，恶化企业的会计信息环境。这种不明朗的信息环境为管理层自利行为提供了机会（Desai and Dharmapala，2006）。管理层可能会利用避税活动所带来的"监管真空"掩盖自身谋取私利（张玲、朱婷婷，2015）、利益掏空的行为（Schadewald，2005；陈冬、唐建新，2013），加剧了企业内部委托-代理冲突。内部委托-代理问题的加剧会进一步增加内部代理成本，成本支出的增加会削弱企业避税所能带来的财务绩效的提升（La Porta et al.，1999；Claessens et al，2002；王鹏、周黎安，2006；王鹏，2008），产生效率损失（Slemrod，2004）。此外，企业避税节省的现金流可以用于投资，但代理问题使得管理层可能作出私人利益最大化的投资决策（罗明琦、宋常，2014），造成投资异化现象。风险厌恶型的管理者可能会放弃风险大但净现值可观的投资项目,进而造成投资不足(Myers,1977);而风险偏好型的管理层则偏好于不断扩大投资规模,容易造成过度投资(Jensen,1993)。因此,以避税为由,投资不足以及投资过度等短期行为都会产生决策失败成本,投资效率降低(罗明琦、宋常,2014),造成内部代理成本的增加,最终导致财务绩效下降。据此,提出假设4-3-3:内部代理成本会反向调节企业避税对于财务绩效的正向促进作用。

二、研究设计

(一)样本选择和数据来源

由于实施了所得税法的政策改革,2008年新的所得税法开始实施,企业所得税由原来的33%下调到25%,为了保持数据的可比性和一致性,本节选取了2009年至2017年我国沪、深两市A股上市公司作为研究样本,并对初始样本进行了如下处理:(1)剔除了金融行业样本公司,理由在于金融行业公司与其他公司相比,实施的是不同的企业会计准则,产生的差异较大;(2)剔除了主要变量缺失的样本;(3)删除了ST、*ST公司样本,原因是其财务数据异常。同时,为避免极端值对实证结果的影响,对文中所有的连续变量在1%和99%的水平上进行Winsorize处理。经过上述处理,得到样本年度观测值为11034个。本节的数据来自CSMAR和WIND数据库,采用EXCEL和stata14.0进行数据处理和实证检验。

(二)研究模型与变量定义

为了检验企业避税对财务绩效的影响,本节构建模型(4-3-1)进行多元回归分析:

$$ROA_{i,t} = \alpha_0 + \alpha_1 DDBTD_{i,t} + \sum controls_{i,t} + \varepsilon_{i,t} \quad (4-3-1)$$

前文提出假设，在一定的条件下，代理成本与财务绩效之间是负向影响效应，为了检验这一假设，本节构建模型（4-3-2）进行实证检验：

$$ROA_{i,t} = \beta_0 + \beta_1 Agent_{I,T} + \sum controls_{i,t} + \varepsilon_{i,t} \quad (4-3-2)$$

为了检验代理成本对企业避税与财务绩效之间的负向调节作用，本节构建模型（4-3-3）进行回归分析：

$$ROA_{i,t} = \gamma_0 + \gamma_1 D\_agent_{i,t} + \gamma_2 DDBTD_{i,t} + \gamma_3 Agent_{I,T} +$$
$$\sum controls_{i,t} + \varepsilon_{i,t} \quad (4-3-3)$$

上述模型中，ROA 是资产报酬率，表示公司的财务绩效，后续稳健性检验中采取息税前利润 EBIT 来衡量。目前，学术界对于企业避税程度的衡量标准尚未统一，根据前人研究，本节将避税程度的衡量方法分为两大类，一类使用的是企业实际所得税率及其变形，另一类则是使用会计—税收差异及其变形来衡量。本节用 DDBTD 来衡量企业的避税程度，DDBTD 是会计—税收差异与应计利润回归得到的总残差值，该指标的选取参照了相关学者的成果（Desai and Dharmapala，2006；彭少伟、王伟，2011；陈旭东、王雪，2011；施先旺、刘馨月，2017 等）。具体计算公式如下：$BTD = \alpha TACC + \mu_i + \varepsilon_{i,t}$，其中，BTD 为会计利润总额与应纳税所得额之间的差额，TACC 为总应计利润，用净利润减去经营活动产生的净现金流除以总资产来表示。μ_i 表示公司 i 在样本期间内残差的平均值，$\varepsilon_{i,t}$ 表示 t 年度残差与公司平均残差 μ_i 的偏离度。$DDBTD = \mu_i + \varepsilon_{i,t}$，代表着会计—税收差异中不能被应计利润解释的那一部分。该指标衡量的是企业避税的程度，该值越大，表示企业避税程度越高。在后续稳健性检验中，本节将采取实际所得税税率与名义所得税率之差 ETR 来衡量企业避税程度。代理成本根据部分学者（叶康涛、刘行，2014；罗炜、朱春艳，2010 等）

的研究，采用管理费用占营业收入的比重来衡量。D_agent 是企业避税程度与代理成本的交乘项，用来实证检验代理成本与企业避税程度对公司绩效的影响。在控制变量的选取上，本节根据已有的研究，选取了企业规模、资本结构、企业年龄、现金流量、托宾 Q、管理层持股比例、产权性质等变量进行控制。由于在不同行业和年度层面公司的实际税负可能存在着较大的差异，本节还控制了行业和年份虚拟变量，相关变量定义见表 4-3-1。

表 4-3-1　　　　　　　　变量定义表

变量性质	变量名称	符号	变量定义及说明
被解释变量	公司绩效	ROA	公司的资产报酬率
		EBIT	公司的息税前利润与总资产的比值
解释变量	避税程度	DDBTD	会计-税收差异与总应计利润的残差值
		ETR	实际所得税率与名义所得税率的差
调节变量	代理成本	Agent	管理费用占营业总收入的比例
控制变量	资本结构	lev	负债/总资产
	企业规模	size	总资产取自然对数
	现金流量比	ocf	经营活动产生的现金流量净额/总资产
	托宾 Q	tq	市值/（总资产-无形资产净额-商誉净额）
	企业年龄	age	企业上市的年数
	股权集中度	shares	第一大股东持股比例
	两职合一	dual	总经理与董事长是否两职合一的虚拟变量
	管理层持股比例	mshare	管理层持股数量/总股数
	产权性质	state	是否国有，若为国有企业取为 1，否则取 0
	行业	id	生成 21 个行业虚拟变量
	年份	year	2009—2017 年共 9 个年份虚拟变量

三、实证分析

(一) 描述性统计

从表 4-3-2 可以看到，ETR 的平均值为负数，说明我国的实际所得税率小于名义所得税率，且根据其中位数可以看到，有 50% 的企业均处于实际所得税率小于名义所得税率的状态，其最大值为 0.25，说明企业实际所得税率最高可比名义所得税率高 25%。同时，DDBTD 的最大值和最小值差异很大，表明不同企业之间的税负差异很大，DDBTD 的均值为正，表明我国税法上的应纳税所得额小于会计利润，说明大部分企业都进行了不同程度的避税活动，降低了企业的实际税负。ROA 的最大值为 0.258，最小值为 -0.1245，表明不同的企业之间的资产报酬率差异很大。Agent 的最小值为 0.0097，最大值为 0.5353，说明代理成本在不同公司之间表现出很大的差异性。控制变量中，lev 的最大值接近于 1、最小值为 0.0563，表明企业之间的资本结构差异较大，且其均值和中位数均接近 0.5，说明近一半的公司的资产负债率高达 50%。ocf 的最大值和最小值差异较大，也表明不同企业的现金流量呈现出较大的差异性。dual 的均值为 0.2255，说明有 22.55% 的公司存在董事长与总经理两职合一的情况。管理层持股比例两极分化现象严重，说明企业的管理层持股情况存在较大差异。state 的均值为 0.4357，说明我国上市公司中有 43.57% 的公司是国有企业，民营企业所占比例与国企相比略高一些。

表 4-3-2　　　　　　　描述性统计表

变量	N	均值	标准差	最小值	中位数	最大值
ROA	11034	0.0743	0.0497	-0.1245	0.0632	0.258
EBIT	11034	0.0691	0.045	0.0011	0.059	0.2345

续表

变量	N	均值	标准差	最小值	中位数	最大值
DDBTD	11034	0.00425	0.02031	-0.08734	-0.00516	0.08267
ETR	11034	-0.0002	0.0785	-0.442	0	0.25
Agent	11034	0.0921	0.0688	0.0097	0.0781	0.5352
size	11034	22.3362	1.2584	19.5197	22.1611	26.0627
lev	11034	0.4287	0.1981	0.0563	0.4268	0.9431
ocf	11034	0.0609	0.0892	-0.2487	0.0583	0.3597
tq	11034	2.2567	1.8828	0.209	1.725	10.0071
mshare	11034	0.112	0.1852	0	0.0012	0.6563
dual	11034	0.2255	0.4179	0	0.0012	0.6563
shares	11034	0.3611	0.1512	0.085	0.3433	0.75
state	11034	0.4357	0.4959	0	0	1
age	11034	11.008	6.2178	3	10	28

（二）多元回归分析

1. 避税程度与公司绩效的多元回归分析。表4-3-3为企业避税程度与公司绩效的回归结果。可以看到，企业绩效不管是用ROA来衡量，还是用EBIT来衡量，企业的避税程度DDBTD和公司绩效均在1%的显著性水平上显著正相关，同时，改变避税程度的衡量方式，采用实际所得税率与名义所得税率的差ETR来衡量避税程度，其与ROA和EBIT依然在1%的显著性水平上正相关，这一实证结果支持了避税的传统观，即避税为企业节约了费用开支，增加了企业可动用的现金流，降低了企业的资金压力，有利于企业整体绩效水平的提高。控制变量中，公司规模、现金流水平、托宾Q、管理层持股比例和企业上市年限均与公司绩效显著正相关，这与大多数学者的研究结论相一致，也比较符合实际情况。另外，企业的资本结构和产权性质与公司绩效显著负相关,表明资本结构越高,企业的财务风险也相应越高,全企业的资金压力相应也就越大,不利于公司绩效的提升。

表 4-3-3　　企业避税与财务绩效的回归结果

	ROA	EBIT	ROA	EBIT
DDBTD	0.0636*** (27.0969)	0.0552*** (27.038)		
lev	-0.0293*** (-10.0325)	-0.0335*** (-12.6534)	-0.0412*** (-13.5640)	-0.0438*** (-15.8982)
size	0.0083*** (18.1047)	0.0068*** (16.2992)	0.0107*** (23.1514)	0.0089*** (21.1777)
ocf	0.1726*** (29.1364)	0.1593*** (30.0307)	0.1861*** (30.7054)	0.1710*** (31.5656)
tq	0.0079*** (17.7504)	0.0066*** (16.8671)	0.0088*** (19.1746)	0.0074*** (18.3306)
mshare	-0.0007 (-0.2515)	-0.003 (-1.2607)	0.0013 (0.4879)	-0.0012 (-0.4999)
dual	-0.0013 (-1.4633)	-0.0016* (-1.9447)	-0.001 (-0.9958)	-0.0013 (-1.4804)
shares	0.0085*** (3.2307)	0.0119*** (4.963)	0.0083*** (2.9873)	0.0117*** (4.6505)
state	-0.0092*** (-9.6026)	-0.0079*** (-8.9865)	-0.0105*** (-10.4097)	-0.0090*** (-9.7781)
age	0.0004*** (4.5026)	0.0005*** (6.5435)	0.0005*** (5.417)	0.0006*** (7.3261)
_cons	-0.1332*** (-12.4085)	-0.1018*** (-10.3822)	-0.1858*** (-17.0360)	-0.1473*** (-14.8332)
行业	已控制			
年份	已控制			

续表

	ROA	EBIT	ROA	EBIT
N	11034	11034	11034	11034
r2_a	0.431	0.4278	0.3768	0.3782
F值	154.5189	158.4887	111.4946	115.0538

注：***、**、* 分别表示在1%、5%、10%水平上统计显著。

2. 代理成本与公司绩效的回归分析。表4－3－4展示了代理成本和公司绩效之间的关系，可以看到，不管是国有企业还是非国有企业，代理成本Agent与公司绩效ROA之间均在1%的显著性水平上呈负相关关系，说明公司的代理成本越高，管理层自利行为也越明显，公司合理避税产生的现金流用于提升绩效的可能性也越小，因此，代理成本与公司绩效之间呈显著负相关关系。

表4－3－4　　内部代理成本与财务绩效的回归结果

	全样本	国有企业	非国有企业
Agent	－0.1157 *** （－14.4409）	－0.0609 *** （－4.7240）	－0.1393 *** （－14.5156）
size	0.0101 *** （21.7021）	0.0090 *** （15.8612）	0.0143 *** （18.8612）
lev	－0.0521 *** （－17.2093）	－0.0455 *** （－10.6833）	－0.0560 *** （－13.4314）
ocf	0.1800 *** （30.0523）	0.1619 *** （19.3662）	0.1906 *** （23.339）
tq	0.0095 *** （19.8194）	0.0130 *** （18.4137）	0.0087 *** （16.0384）
mshare	0.0019 （0.6954）	0.1872 *** （7.1959）	0.0081 *** （2.8668）

续表

	全样本	国有企业	非国有企业
dual	0.0008 (0.7721)	-0.0022 (-1.1641)	0.0016 (1.3368)
shares	0.0052* (1.8759)	0.0018 (0.4565)	0.0178*** (4.5466)
age	0.0005*** (6.0563)	0.0006*** (5.5922)	0.0005*** (4.1221)
_cons	-0.1519*** (-13.5545)	-0.1546*** (-11.2935)	-0.2442*** (-13.0824)
行业	已控制		
年份	已控制		
N	11034	4807	6227
r2_a	0.3906	0.4049	0.4129
F 值	115.7993	60.0648	80.5676

注：***、**、* 分别表示在1％、5％、10％水平上统计显著。

3. 避税程度、代理成本与公司绩效的回归分析。从表4-3-5可以看到，在模型中加入代理成本和避税程度的交乘项 D_agent 进行回归后，交乘项与公司绩效 ROA 在1％的显著性水平上负相关，说明代理成本在避税程度与公司绩效的关系之间起到了很好的负向调节作用。根据叶康涛等（2014）的研究，企业的避税程度越高，公司内部代理成本也就越高，企业的避税活动虽然能够提升企业绩效，但是由于代理成本的存在，企业的避税行为也会加剧企业的代理问题。为了给公司带来更多的节税收益，管理层要进行非常专业化的纳税筹划活动，同时也面临着被税务部门稽查的风险，因此，管理层往往会要求从避税活动中获得相应的补偿，从而使得避税活动产生的现金流更多地用于企业管理层的自利行为和补偿行为。另外，企业为了达到避税的效果,往往会采取一系列复杂且模糊的交易来掩盖其税收规避行为,以防被税务部门发现而产生被稽查的风险,因此,从这一层面上而言,税收规避行为会加剧企业的信息不对称程度,引发更严重的代理问题,加剧企业的代理成本,而代理成本显然不利于企业绩效的提升和长远的发展,因此,在代理成本的调节作用下,企业避税与公司绩效之间显著负相关。

表4-3-5 内部代理成本、企业避税与财务绩效的回归结果

	全样本	国有企业	非国有企业
D_agent	-0.1292*** (-3.3486)	-0.1966*** (-2.8422)	-0.1198*** (-2.5872)
DDBTD	0.0766*** (17.4179)	0.0724*** (10.4128)	0.0778*** (13.6278)
agent	-0.1162*** (-14.5452)	-0.0629*** (-4.8157)	-0.1390*** (-14.7202)
size	0.0074*** (16.1114)	0.0073*** (12.91)	0.0100*** (13.4626)
lev	-0.0378*** (-12.9538)	-0.0316*** (-7.5074)	-0.0415*** (-10.4115)
ocf	0.1662*** (28.4842)	0.1563*** (19.0362)	0.1712*** (21.5917)
tq	0.0085*** (18.4787)	0.0120*** (17.1688)	0.0078*** (14.8974)
mshare	-0.0002 (-0.0609)	0.1552*** (6.6972)	0.0045* (1.6779)
shares	0.0052* (1.8759)	0.0018 (0.4565)	0.0178*** (4.5466)
age	0.0005*** (6.0563)	0.0006*** (5.5922)	0.0005*** (4.1221)

续表

	全样本	国有企业	非国有企业
_cons	-0.0945*** (-8.5898)	-0.1218*** (-8.9138)	-0.1466*** (-8.0690)
行业	控制		
年份	控制		
N	11034	4807	6227
r2_a	0.4499	0.4492	0.4742
F	154.7452	72.928	113.1942

注：***、**、* 分别表示在1%、5%、10%水平上统计显著。

（三）稳健性检验

为了使研究结论更为稳健，本节对企业避税的指标采用实际税率与名义税率之差来衡量，这一方法参照了杨旭东等（2019）、叶康涛等（2014）、江轩宇（2013）。另外，将公司财务绩效用息税前利润与公司资产的比值EBIT来衡量，代理成本和企业避税程度的交乘项用E_agent来衡量。通过回归可以发现，企业避税程度ETR和财务绩效EBIT仍然在1%的显著性水平上正相关，同时，在全样本中，E_agent和财务绩效之间在1%的显著性水平负相关，这进一步验证了假设4-3-3的正确性，说明代理成本的存在显著地调节了企业避税与财务绩效之间的正向影响效应，结果比较稳健。回归结果见表4-3-6。

表4-3-6　　　　　稳健性检验回归结果

	EBIT		
	全样本	国有企业组	非国有企业组
E_agent	-0.2048*** (-3.0228)	-0.2624** (-2.2571)	-0.1313** (-2.2537)

续表

	EBIT		
	全样本	国有企业组	非国有企业组
ETR	0.0329*** (3.4383)	0.0548*** (3.6306)	0.0236*** (2.6256)
_cons	-0.9215*** (-38.3826)	-1.2092*** (-35.0314)	-0.5049*** (-22.7656)
行业	控制		
年度	控制		
N	11033	4806	6227
r2_a	0.4973	0.5509	0.4693
F	64.9114	39.1472	68.6522

注：***、**、* 分别表示在1%、5%、10%水平上统计显著。

四、小结

本节基于2009—2017年沪、深两市A股上市公司的数据，对企业避税、代理成本与公司财务绩效之间的关系进行实证研究发现：（1）在一定条件下，企业避税能够促进财务绩效的提升；（2）信息不对称导致的代理成本，会显著地负向影响公司财务绩效；（3）不管是在国有企业还是非国有企业，代理成本都能显著地对企业避税与财务绩效之间的关系产生负向调节作用。上述研究表明，避税活动为企业节约了现金流出，为管理者的投资活动提供了更多的盈余资金，加强了企业的资产流动性，有利于缓解企业的融资约束，从而提升企业财务绩效。但在考虑避税带来的节税收益的同时，也要权衡其带来的成本支出，代理成本的存在，会显著改变避税活动对于企业财务绩效的提升作用。

基于以上实证分析结果和研究结论，本节提出如下建议：首先，企业要树立科学的避税观，不能仅仅看到避税带来的收益而忽视其带来的避税成本，企业要从整体上权衡避税活动带来的收益与成本。在我国当前外界监管尚不完善的情况下，企业要更加注意避税活动导致的管理层自利行为以及代理问题。其次，企业的避税活动要在合理的范围内进行，不能违反法律法规。避税行为作为一种介于"灰色地带"的财务活动，如若操作不当，极易受到外部税收监管部门的监管而使企业遭受不必要的损失。最后，对企业的避税活动为企业节约的现金流要加强管理，对基于信息不对称产生的道德风险和逆向选择问题要十分警惕，企业要合理有效地利用避税活动为企业带来节税收益，避免代理问题使得避税活动带来的收益反而削弱企业的价值，因此，企业基于有效税收筹划的角度，全面统筹规划避税收益与成本，加强对避税活动的管理控制，有利于促进企业的长远发展和企业价值的提升。

第四节　企业捐赠与权益资本成本

企业社会责任概念的诞生已有上百年了。在西方，企业在自身发展的同时要履行良好的社会责任已成为理论界和实务界的共识，但是，社会责任的概念较为宽泛，理论界对于企业履行社会责任的动因和方式一直存在争议。由于我国经济长期落后，发展经济一直是最主要的任务，然而，近二十年经济的高速增长也带来了不少的负面影响——由于过于强调经济增长，企业的短期行为带来诸多社会问题，如环境恶化、产品质量安全等，这些问题严重制约着我国经济的可持续健康发展，因此，自我国20世纪90年代引入社会责任概念以来，尤其是在我国经济转型的过程中，企业如何更好地履行社会责任，成为理论界和实务界关注的热点。

作为经济实体的企业，逐利是其天性，因此，企业的管理者无不将增加企业盈利能力、不断提升企业价值并增加股东财富作为自己管理企业的首要目标。在此背景下，企业履行社会责任并对相关的信息进行披露，必然会增加企业现实的经营成本。当然，从长远来看，如果企业履行社会责任并对其社会责任信息进行披露给企业带来的综合收益超过其付出的综合成本，其管理层才会积极主动地去履行社会责任并披露相关的信息。

自社会责任的概念提出以来，学术界对企业是否需要履行社会责任以及企业社会责任的动因等进行了较为深入的研究，形成了大量文献，认为经济激励、合法性动机和利他主义等因素是企业履行社会责任的动因（贾兴平、刘益，2014；Campbell et al.，2002），社会责任对企业的财务绩效、股东收益和企业价值等方面产生着重要影响（李正，2006）。而且，履行社会责任并对其社会责任信息进行披露可对外树立良好的企业形象并增加信息透明度，因此，可降低企业的经营风险，从而缓解企业融资约束，降低企业的债务资本成本和权益资本成本（钱明等，2016；史敏等，2017；徐珊、黄健柏，2015；黄建元、靳月，2016）。

但是，正如前文所述，企业社会责任的概念及外延本身比较宽泛，就目前的情况来看，由于对于大多数企业来说，披露社会责任信息并不是强制的义务，而且企业的管理层可能根据自身的需要选择性地披露其社会责任信息，因此，准确全面地获取企业社会责任相关信息存在一定的困难，这种情况在国内尤其明显。因此，本节选择企业对外捐赠这一社会责任的重要维度，并在市场地位约束条件下研究企业对外捐赠对其权益资本成本的影响；更进一步，本节还研究了地区经济发展水平不同时，企业对外捐赠与其权益资本成本的关系。

一、理论分析与假设发展

企业社会责任（Corporate Social Responsibility，CSR）这一概念由 Clark 于 1916 年提出，迄今已有上百年历史。一百多年来，学术界对企业是否需要履行社会责任以及企业社会责任的动因等进行了较为深入的研究。对外捐赠是企业最重要的社会责任维度，是其最高层次的社会责任。从目前的情况来看，越来越多的企业已经认识到对外捐赠在履行社会责任方面的示范和信号作用，将其作为一种实现经济目的的工具（李维安等，2015）。

具体来说，相对于其他的社会责任维度，对外捐赠能够向外界传递更为丰富、有效的信息，具有较强的信号效应。在目前我国金融市场的发展进程中，资金需求者的信号显示问题日益重要，企业的对外捐赠越踊跃，则社会公众的诉求越能得到满足，对银行等投资者的信号显示功能就越明显（高帆等，2014）。究其原因，企业的对外捐赠能向外界传递两种主要信号：一方面，对外捐赠是企业的一项重要的财务安排，对于资本的提供者而言，能够通过该项活动更好地了解企业的财务状况；另一方面，对外捐赠是企业社会责任的最高表现形式，企业对外捐赠能够为其积累社会资本，提升企业形象和声誉（Porter and Kramer，2002；彭镇、戴亦一，2015；梁建等，2010）。

而且，根据社会交换理论，企业可以通过对外捐赠与其利益相关者进行交换，获得更强的融资能力（Homans，1958）。而投资者是企业重要的利益相关者，由于企业对外捐赠向外界传递了有利于企业的信号，因此，将提升其在交换中的地位，降低其融资约束和融资成本。

根据以上分析，本节提出以下待检验的假设 4-4-1：企业对外捐赠能降低其权益资本成本。

此外，企业的生产经营活动离不开特定的市场环境，而在市场中资源总是稀缺的，在这个条件下，由于市场地位较高的企业具备较高的竞争力，其盈利能力较高，经营风险较低，因此，投资者更倾向于将有限的资金投放给市场地位较高的企业，在保障资金安全的同时，尽可能地获得较高的收益。

同时，据前文的分析，企业履行社会责任存在相应的动机，在融资方面，企业可通过对外捐赠提高财务透明度并树立良好的社会形象，从而提升其在交换中的地位，降低其融资约束和融资成本。但是，如果企业本身具备较高的社会地位，其对外捐赠的动机就不再那么强烈，披露的相关信息可能就不再详细和准确，投资者也能意识到这些问题，此时，并不将企业社会责任的履行作为主要的投资决策的依据。

因此，根据以上分析，本节提出以下待检验的假设4－4－2：企业对外捐赠对其权益资本成本降低效应只在其市场地位较低时存在，企业市场地位较高时这种效应并不显著。

二、研究设计

（一）研究模型

本节构建了以下实证检验模型，用多元线性回归分析的方法来分析我国上市公司的捐赠行为与权益资本成本之间的关系，模型（4－4－1）用来验证本节的假设4－4－1，对模型（4－4－1）按照市场地位分组来验证本节的假设4－4－2。

$$rgls = a_0 + a_1 dum\_don \mid lndon + a_2 controls + e \qquad (4-4-1)$$

上式中，rgls 为采用 GLS 模型计算的权益资本成本；dum_don 和 lndon 为企业捐赠的代理变量；controls 为一系列控制变量。本节采用控制了行业和年度的 OLS 回归分析方法运行上述模型，在验证假设 4-4-1 时，预计系数 α_1 显著为负；在验证假设 4-4-2 时，预计系数 α_1 仍然为负，并且市场地位高的子样本组的系数 α_1 的显著性高于市场地位低的子样本组的系数 α_1 的显著性。

(二) 变量定义与说明

1. 权益资本成本及其计算。权益资本成本是本节的被解释变量，关于其计算方法，现有文献主要有以已实现的事后回报率作为代理变量和以事前期望回报率作为代理变量两类方法，事前的权益资本成本能较好地控制现金流和潜在的成长性，从而能更好地度量预期的收益，因此，期望回报率能更好地度量权益资本成本（肖作平，2011）。在以基于现金流贴现或剩余收益模型的事前期望回报率作为权益资本成本代理变量的诸多计算模型中，有些模型限制条件过于严格或数据获取存在困难，将会导致大量样本损失，而且已有的研究表明，GLS 模型对我国上市公司权益资本成本的预测能力要优于其他模型（陆正飞、叶康涛，2004），所以，本节使用 GLS 模型来计算上市公司的权益资本成本。

实际计算权益资本成本时，需要有确定的预测期限，参照曾颖等（2006）的做法，本节分别计算了预测期为 12 期和 18 期的权益资本成本，回归分析中使用了预测期为 12 期的数据，在稳健性检验中使用了预测期为 18 期的数据。采用预测期为 12 期计算权益资本成本的 GLS 模型可表述为：

$$P_t = B_t + \sum_{i=1}^{11} \frac{FROE_{t+i} - r_e}{(1+r_e)^i} B_{t+i-1} + \frac{FROE_{t+12} - r_e}{r_e (1+r_e)^{11}} B_{t+11}$$

$$(4-4-2)$$

其中，P_t 为股权融资的潜在价格，用上年度每股收益乘以当年企业所处行业市盈率的中位数计算；B_t 为第 t 期调整后的每股净资产,用第 t 期期末每股净资产加第 t 期每股股利后减去第 t 期每股收益计算;$FROE_{t+i}$ 为第 t+i 期的预测净资产收益率,由于我国上市公司的盈利预测信息尚不完善,因此,本节参照陆正飞等(2004)的做法,对有实际数据的年份,用第 t+i 期的净利润除以期初账面净资产来替代企业第 t+i 期 ROE 的预测值,对没有实际数据的年份,用企业最后一个有实际数据的期间向其行业平均 ROE 直线回归来计算 ROE 的预测值;r_e 为权益资本成本。

在没有实际数据的预测期,对 B_t 的计算涉及对 DPS 和 EPS 的预测,为消除多项预测而导致的结果偏误,结合净资产收益率的公式与每股净资产的计算公式,得出基于净资产收益率、往年每股净资产和股利支付率的每股净资产计算公式:

$$B_t = \frac{B_{t-1}}{1 - FROE_t \times (1 - k)} \qquad (4-4-3)$$

其中,k 为上市公司的股利支付率,借鉴曾颖等(2006)的做法,本节采用计算期之前三年的平均股利水平计算股利支付率,对于亏损的期间,用总资产乘以 0.06 来代替企业所支付的股利,以计算股利支付率。最后所得到的股利支付率,大于 1 的全部取 1,小于 0 的全部取 0。

2. 企业捐赠。本节采用捐赠意愿(dum_don)和对外捐赠额(lndon)作为企业捐赠的代理变量,dum_don 为虚拟变量,取值为 1 时,表示企业在当年存在对外捐赠行为,反之,取值为 0 时,表示企业在当年不存在对外捐赠行为;lndon 为企业当年对外捐赠额的自然对数,对于当年没有对外捐赠行为的企业,该变量取值为 0。

3. 市场地位。本节分行业和年度计算企业营业收入占所在行业营业总收入的比例来计算企业的市场份额(ms),一般来说,企业的市场份额越大,其市场地位越高。进一步,以此连续变量 ms 分行业和年度的中位数为界，建立虚拟变量 position，当 ms 大于等于此中位数时，本节认为市场地位较高，变量 position 取值为 1，否则，本节认为市场地位较低，变量 position 取值为 0。

4. 控制变量。根据以往研究，结合我国实际情况和本节的研究目的，本节使用了 size、lev、roe、bm、beta、ms、gth、age、state、share1、sharez 等控制变量，分别代表企业规模、资产负债率、净资产收益率、账面市值比、贝塔系数、市场份额、成长性、上市年限、产权性质、第一大股东持股比例、股权制衡度。具体变量定义及说明见表 4-4-1。

表 4-4-1　　　　　变量定义及说明

变量符号	变量名称	计算方法与说明
rgls	权益资本成本	采用 GLS 模型估计的权益资本成本
dum_don	捐赠意愿	虚拟变量，当年有对外捐赠的取值为 1，否则取值为 0
lndon	对外捐赠额	企业对外捐赠额的自然对数，没有对外捐赠的取值为 0
size	企业规模	总资产的自然对数
lev	资产负债率	总负债除以总资产
roe	净资产收益率	净利润除以净资产
bm	账面市值比	权益资本的账面价值除以市场价值
beta	贝塔系数	每年个股收益与市场收益回归的系数
ms	市场份额	企业营业收入占所在行业营业总收入的比例
gth	成长性	营业收入年增长率
age	上市年限	处理年份减去上市年份
state	产权性质	虚拟变量，属于国有产权的取值为 1，否则为 0
share1	第一大股东持股比例	第一大股东持股数量除以总股数
sharez	股权制衡度	第一大股东的持股比例除以第二大股东的持股比例

（三）数据来源及样本选择

本节以2007年至2016年中国A股上市公司为样本来研究企业捐赠对权益资本成本的影响。数据来源于CSMAR数据库，参照前文中的研究，本节剔除了ST及*ST企业的样本以及金融行业的样本，在删除相关变量缺失或异常的样本后，得到我国A股上市公司的企业年度数据共计15119个。为消除离群值的影响、保证结果的稳健性，所有的连续变量都进行了（1%，99%）的缩尾处理。

三、实证分析

（一）描述性统计

表4-4-2的变量描述性统计结果显示：（1）rgls的均值和中位数分别为0.088和0.060，说明样本企业的权益资本成本总体上分布较为正态；最小值和最大值分别为0.006和0.480，说明部分企业的权益资本成本较高，存在或多或少的问题。（2）dum_don的均值为0.643，即样本企业存在对外捐赠的企业达到了64.3%，说明对外捐赠越来越成为企业履行社会责任的重要手段；lndon的均值和中位数分别为8.103和11.140、最小值和最大值分别为0和16.880，说明部分企业对外捐赠较少或没有进行对外捐赠，更多地在采用其他方式履行社会责任。

表4-4-2　　　　　　　描述性统计

变量	样本数	均值	标准差	最小值	中位数	最大值
rgls	15119	0.088	0.085	0.006	0.060	0.480
dum_don	15119	0.643	0.479	0	1	1
lndon	15119	8.103	6.267	0	11.140	16.880
size	15119	22.080	1.271	19.490	21.920	25.950

续表

变量	样本数	均值	标准差	最小值	中位数	最大值
lev	15119	0.467	0.201	0.059	0.472	0.883
roe	15119	0.071	0.107	-0.479	0.073	0.336
bm	15119	0.945	0.874	0.098	0.655	4.821
beta	15119	1.076	0.222	0.493	1.084	1.639
ms	15119	0.010	0.021	0.000	0.003	0.146
gth	15119	0.157	0.351	-0.575	0.107	1.901
age	15119	10.230	5.993	0	10	26
state	15119	0.511	0.500	0	1	1
share1	15119	0.362	0.153	0.089	0.345	0.750
sharez	15119	14.020	24.080	1.015	4.857	150.400

(二) 相关性检验

由表4-4-3的相关系数可知，捐赠意愿（dum_don）、对外捐赠额（lndon）均与企业权益资本成本（rgls）显著负相关，其显著性水平更达到1%，与本节预期一致，初步表明企业捐赠能显著降低其权益资本成本。除了捐赠意愿（dum_don）、对外捐赠额（lndon）两个变量之外，其余变量大多数虽存在显著相关性，但相关系数并不高，可以基本排除模型的共线性问题。

(三) 回归分析

表4-4-4的第（1）列和第（2）列显示了模型（4-4-1）的回归结果。解释变量分别为捐赠意愿（dum_don）和对外捐赠额（lndon）时，方程调整后的r方分别为38.24%和38.26%，F值分别为253.9583和254.1945，p值均接近为0，表明回归方程的设定比较合理。权益资本成本（rgls）对捐赠意愿（dum_don）和对外捐赠额（lndon）回归的系数分别为-0.0051和-0.0005、T值分别为-3.80和-4.45，均在1%的水平上显著。因此，在控

表 4-4-3　相关系数

	rgjs	dum_don	lndon	size	lev	roe	bm	beta	ms	gth	age	state	share1
dum_don	-0.050***												
lndon	-0.051***	0.964***											
size	0.060***	0.066***	0.147***										
lev	0.180***	0.063***	0.084***	0.422***									
roe	-0.157***	0.111***	0.148***	0.153***	-0.115***								
bm	0.222***	0.095***	0.130***	0.586***	0.562***	-0.115***							
beta	0.00900	-0.044***	-0.048***	0.042***	0.031***	-0.073***	0.062***						
ms	-0.00800	0.058***	0.117***	0.522***	0.211***	0.106***	0.318***	-0.102***					
gth	0.050***	0.038***	0.048***	0.069***	0.063***	0.264***	-0.030***	-0.026***	0.050***				
age	0.235***	-0.146***	-0.140***	0.215***	0.278***	-0.074***	0.178***	0.00100	0.043***	-0.069***			
state	0.065***	-0.029***	-0.025***	0.273***	0.243***	-0.042***	0.249***	0.043***	0.159***	-0.030***	0.311***		
share1	0.00600	0.014*	0.031***	0.247***	0.040***	0.129***	0.108***	-0.0120	0.156***	0.040***	-0.120***	0.209***	
sharez	0.067***	0.00400	0.00400	0.072***	0.083***	-0.041***	0.114***	0.049***	0.046***	-0.038***	0.124***	0.210***	0.435***

制了其他变量的情况下,企业捐赠与其权益资本成本呈现显著的负相关关系,即对外捐赠能降低企业的权益资本成本,稳健地支持了本节的假设4-4-1。

表4-4-4的第(3)列至第(6)列显示了将模型(4-4-1)按照市场地位高低分组回归的结果。由表中结果可知,权益资本成本(rgls)对捐赠意愿(dum_don)和对外捐赠额(lndon)回归的结果只有在低市场地位的子样本组才显著为负,且显著性水平达到1%,而在高市场地位的子样本组,权益资本成本(rgls)对捐赠意愿(dum_don)和对外捐赠额(lndon)回归的结果虽然也为负,但并不显著。因此,在控制了其他变量的情况下,企业对外捐赠对其权益资本成本的降低效应只在市场地位较低时存在,市场地位较高时,无法证实企业对外捐赠能降低其权益资本成本,此结果稳健地支持了本节的假设4-4-2。

表4-4-4 企业捐赠与权益资本成本的回归结果

变量	全样本		高市场地位		低市场地位	
	rgls	rgls	rgls	rgls	rgls	rgls
	(1)	(2)	(3)	(4)	(5)	(6)
dum_don	-0.0051***		-0.0022		-0.0051***	
	(-3.80)		(-1.16)		(-2.68)	
lndon		-0.0005***		-0.0002		-0.0005***
		(-4.45)		(-1.55)		(-3.15)
size	-0.0099***	-0.0096***	-0.0064***	-0.0062***	-0.0102***	-0.0099***
	(-13.02)	(-12.45)	(-5.59)	(-5.41)	(-6.65)	(-6.44)
lev	0.0024	0.0023	0.0113**	0.0113**	-0.0070	-0.0070
	(0.65)	(0.64)	(2.04)	(2.04)	(-1.36)	(-1.37)
roe	-0.1227***	-0.1219***	-0.1130***	-0.1125***	-0.1181***	-0.1175***
	(-21.45)	(-21.28)	(-13.93)	(-13.85)	(-14.36)	(-14.28)

续表

变量	全样本		高市场地位		低市场地位	
	rgls	rgls	rgls	rgls	rgls	rgls
	(1)	(2)	(3)	(4)	(5)	(6)
bm	0.0114***	0.0113***	0.0107***	0.0107***	0.0204***	0.0203***
	(11.35)	(11.27)	(9.23)	(9.20)	(8.68)	(8.64)
beta	-0.0089***	-0.0089***	-0.0123***	-0.0123***	-0.0037	-0.0036
	(-3.32)	(-3.32)	(-3.52)	(-3.52)	(-0.89)	(-0.87)
ms	0.1664***	0.1676***	0.1031***	0.1032***	-1.3012**	-1.2800**
	(4.87)	(4.91)	(2.75)	(2.76)	(-2.41)	(-2.37)
gth	0.0235***	0.0235***	0.0226***	0.0226***	0.0256***	0.0255***
	(14.23)	(14.21)	(9.72)	(9.71)	(10.88)	(10.87)
age	0.0013***	0.0013***	0.0004***	0.0004***	0.0023***	0.0023***
	(11.89)	(11.81)	(2.66)	(2.63)	(13.18)	(13.09)
state	0.0016	0.0014	0.0051***	0.0050***	-0.0017	-0.0018
	(1.22)	(1.09)	(2.92)	(2.84)	(-0.89)	(-0.94)
share1	-0.0027	-0.0030	-0.0047	-0.0050	0.0022	0.0018
	(-0.61)	(-0.69)	(-0.83)	(-0.87)	(0.32)	(0.27)
sharez	0.0001***	0.0001***	0.0001***	0.0001***	0.0001***	0.0001***
	(4.51)	(4.52)	(2.81)	(2.82)	(3.29)	(3.30)
行业，年度	控制	控制	控制	控制	控制	控制
_cons	0.2721***	0.2545***	0.2006***	0.1972***	0.3006***	0.2950***
	(16.62)	(16.58)	(7.99)	(7.80)	(9.45)	(9.23)
N	15119	15119	7600	7600	7519	7519
r2_a	0.3824	0.3826	0.3868	0.3869	0.3866	0.3868
F	253.9583	254.1945	130.5747	130.6209	129.0358	129.1584
p	0.0000	0.0000	0.0000	0.0000	0.0000	0.0000

注：*** 表示在1%的水平上显著，** 表示在5%的水平上显著，* 表示在10%的水平上显著。

（四）稳健性检验

为保证实证结果的稳健性，本节进行了以下的稳健性检验：

1. 改变权益资本成本和企业捐赠的代理变量。本节以预测期为 18 期的 GLS 模型计算出的结果作为企业权益资本成本的代理变量（rgls18），以企业对外捐赠额与其当年营业收入的比值（dpoi）以及企业对外捐赠额与其当年总资产的比值（dpta）作为企业捐赠的代理变量[①]，替换掉模型（4-4-1）中的相关变量进行了稳健性检验，回归结果见表 4-4-5 至表 4-4-7。

表 4-4-5 显示的是预测期为 18 期的权益资本成本（rgls18）对捐赠意愿（dum_don）和对外捐赠额（lndon）回归的结果，与表 4-4-4 中的结果基本一致。其中，第（4）列显示的高市场地位时 rgls18 对 lndon 回归的结果虽然也显著为负，但是相对于第（6）列显示的低市场地位时 rgls18 对 lndon 回归的结果，显然低市场地位时企业对外捐赠对其权益资本成本的降低效应更为显著。

表 4-4-6 显示的是预测期为 12 期的权益资本成本（rgls）对企业对外捐赠额与其当年营业收入的比值（dpoi）以及企业对外捐赠额与其当年总资产的比值（dpta）回归的结果，与表 4-4-4 中的结果完全一致。

表 4-4-7 显示的是预测期为 18 期的权益资本成本（rgls18）对企业对外捐赠额与其当年营业收入的比值（dpoi）以及企业对外捐赠额与其当年总资产的比值（dpta）回归的结果，与表 4-4-4 中的结果完全一致。

---

① 由于此两项比值过低，本节在实证分析中将其结果乘以 1000 参与回归，下同。

表 4-4-5　稳健性检验 1

变量	全样本		高市场地位		低市场地位	
	rgls18 (1)	rgls18 (2)	rgls18 (3)	rgls18 (4)	rgls18 (5)	rgls18 (6)
dum_don	-0.0058*** (-4.63)		-0.0045 (-1.58)		-0.0049*** (-2.66)	
lndon		-0.0005*** (-5.20)		-0.0004* (-1.82)		-0.0005*** (-3.07)
size	-0.0100*** (-13.91)	-0.0096*** (-13.28)	-0.0072*** (-7.01)	-0.0070*** (-6.73)	-0.0111*** (-7.54)	-0.0109*** (-7.34)
lev	0.0141*** (4.12)	0.0141*** (4.11)	0.0223*** (4.44)	0.0222*** (4.42)	0.0059 (1.20)	0.0059 (1.19)
roe	-0.0812*** (-15.14)	-0.0804*** (-14.97)	-0.0758*** (-10.33)	-0.0751*** (-10.23)	-0.0770*** (-9.72)	-0.0765*** (-9.65)
bm	0.0094*** (10.03)	0.0093*** (9.94)	0.0083*** (7.95)	0.0083*** (7.90)	0.0176*** (7.78)	0.0175*** (7.74)
beta	-0.0071*** (-2.83)	-0.0071*** (-2.83)	-0.0114*** (-3.60)	-0.0115*** (-3.62)	-0.0002 (-0.05)	-0.0001 (-0.03)
ms	0.1680*** (5.23)	0.1696*** (5.28)	0.1359*** (3.99)	0.1366*** (4.01)	-0.8909* (-1.71)	-0.8727* (-1.67)

续表

变量	全样本		高市场地位		低市场地位	
	rgls18 (1)	rgls18 (2)	rgls18 (3)	rgls18 (4)	rgls18 (5)	rgls18 (6)
gth	0.0195 *** (12.56)	0.0195 *** (12.54)	0.0190 *** (9.02)	0.0190 *** (9.01)	0.0208 *** (9.21)	0.0208 *** (9.20)
age	0.0013 *** (11.95)	0.0013 *** (11.88)	0.0005 *** (3.26)	0.0004 *** (3.22)	0.0021 *** (12.43)	0.0020 *** (12.34)
state	−0.0019 (−1.58)	−0.0021 * (−1.71)	0.0009 (0.59)	0.0008 (0.49)	−0.0042 ** (−2.24)	−0.0043 ** (−2.29)
share1	0.0024 (0.58)	0.0020 (0.49)	−0.0042 (−0.82)	−0.0045 (−0.88)	0.0100 (1.55)	0.0097 (1.50)
sharez	0.0001 *** (3.42)	0.0001 *** (3.43)	0.0001 ** (2.09)	0.0001 ** (2.11)	0.0001 *** (2.79)	0.0001 *** (2.80)
行业、年度	控制	控制	控制	控制	控制	控制
_cons	0.2858 *** (19.44)	0.2800 *** (18.89)	0.2255 *** (9.92)	0.2374 *** (9.85)	0.3089 *** (10.89)	0.3048 *** (10.71)
N	15086	15086	7571	7571	7515	7515
r2_a	0.4361	0.4363	0.4705	0.4706	0.4176	0.4178
F	316.2945	316.5621	182.7926	182.8595	146.6256	146.7371
p	0.0000	0.0000	0.0000	0.0000	0.0000	0.0000

表 4-4-6 稳健性检验 2

变量	全样本		高市场地位		低市场地位	
	rgls	rgls	rgls	rgls	rgls	rgls
	(1)	(2)	(3)	(4)	(5)	(6)
dpoi	-0.0013***		-0.0004		-0.0018***	
	(-3.35)		(-0.59)		(-3.71)	
dpta		-0.0012**		0.0000		-0.0023**
		(-2.36)		(0.01)		(-2.55)
size	-0.0103***	-0.0104***	-0.0064***	-0.0065***	-0.0105***	-0.0107***
	(-13.65)	(-13.71)	(-5.62)	(-5.67)	(-6.90)	(-7.05)
lev	0.0018	0.0021	0.0112**	0.0112**	-0.0075	-0.0072
	(0.48)	(0.57)	(2.01)	(2.02)	(-1.46)	(-1.40)
roe	-0.1237***	-0.1237***	-0.1132***	-0.1134***	-0.1186***	-0.1187***
	(-21.67)	(-21.61)	(-13.95)	(-13.96)	(-14.44)	(-14.42)
bm	0.0113***	0.0113***	0.0107***	0.0107***	0.0200***	0.0202***
	(11.25)	(11.29)	(9.21)	(9.23)	(8.53)	(8.59)
beta	-0.0091***	-0.0091***	-0.0124***	-0.0124***	-0.0038	-0.0038
	(-3.40)	(-3.41)	(-3.53)	(-3.54)	(-0.92)	(-0.92)
ms	0.1699***	0.1730***	0.1030***	0.1042***	-1.4535***	-1.3361**
	(4.98)	(5.08)	(2.75)	(2.78)	(-2.69)	(-2.47)
gth	0.0233***	0.0234***	0.0225***	0.0225***	0.0252***	0.0255***
	(14.06)	(14.18)	(9.69)	(9.70)	(10.72)	(10.87)
age	0.0014***	0.0014***	0.0004***	0.0004***	0.0023***	0.0023***
	(12.27)	(12.26)	(2.70)	(2.70)	(13.60)	(13.58)
state	0.0016	0.0018	0.0052***	0.0053***	-0.0018	-0.0016
	(1.21)	(1.36)	(2.96)	(3.01)	(-0.94)	(-0.82)

续表

变量	全样本		高市场地位		低市场地位	
	rgls	rgls	rgls	rgls	rgls	rgls
	(1)	(2)	(3)	(4)	(5)	(6)
share1	-0.0023	-0.0018	-0.0044	-0.0043	0.0020	0.0029
	(-0.52)	(-0.41)	(-0.78)	(-0.75)	(0.30)	(0.43)
sharez	0.0001***	0.0001***	0.0001***	0.0001***	0.0001***	0.0001***
	(4.51)	(4.48)	(2.81)	(2.80)	(3.30)	(3.26)
行业, 年度	控制	控制	控制	控制	控制	控制
_cons	0.2440***	0.2444***	0.1806***	0.1812***	0.3084***	0.3117***
	(15.82)	(15.84)	(7.61)	(7.64)	(9.78)	(9.88)
N	15119	15119	7600	7600	7519	7519
r2_a	0.3822	0.3819	0.3868	0.3867	0.3871	0.3862
F	253.8188	253.4079	130.5301	130.5149	129.3265	128.8244
p	0.0000	0.0000	0.0000	0.0000	0.0000	0.0000

表 4-4-7　　　　稳健性检验 3

变量	全样本		高市场地位		低市场地位	
	rgls18	rgls18	rgls18	rgls18	rgls18	rgls18
	(1)	(2)	(3)	(4)	(5)	(6)
dpoi	-0.0016***		-0.0009		-0.0020***	
	(-4.29)		(-1.54)		(-4.11)	
dpta		-0.0026***		-0.0011		-0.0046***
		(-3.09)		(-1.20)		(-3.04)
size	-0.0104***	-0.0104***	-0.0073***	-0.0074***	-0.0114***	-0.0116***
	(-14.65)	(-14.67)	(-7.05)	(-7.15)	(-7.79)	(-7.95)
lev	0.0134***	0.0137***	0.0219***	0.0220***	0.0054	0.0055
	(3.91)	(3.99)	(4.36)	(4.37)	(1.08)	(1.12)

续表

变量	全样本		高市场地位		低市场地位	
	rgls18	rgls18	rgls18	rgls18	rgls18	rgls18
	(1)	(2)	(3)	(4)	(5)	(6)
roe	-0.0823***	-0.0817***	-0.0761***	-0.0760***	-0.0774***	-0.0766***
	(-15.37)	(-15.22)	(-10.38)	(-10.35)	(-9.78)	(-9.65)
bm	0.0093***	0.0093***	0.0083***	0.0083***	0.0172***	0.0173***
	(9.91)	(9.90)	(7.90)	(7.91)	(7.62)	(7.64)
beta	-0.0073***	-0.0074***	-0.0115***	-0.0116***	-0.0003	-0.0002
	(-2.91)	(-2.93)	(-3.62)	(-3.65)	(-0.07)	(-0.04)
ms	0.1719***	0.1752***	0.1355***	0.1380***	-1.0484**	-0.9002*
	(5.35)	(5.45)	(3.98)	(4.06)	(-2.01)	(-1.73)
gth	0.0192***	0.0194***	0.0189***	0.0189***	0.0204***	0.0208***
	(12.35)	(12.49)	(8.95)	(8.97)	(9.04)	(9.20)
age	0.0013***	0.0013***	0.0005***	0.0005***	0.0021***	0.0021***
	(12.40)	(12.36)	(3.33)	(3.33)	(12.83)	(12.76)
state	-0.0019	-0.0018	0.0011	0.0011	-0.0044**	-0.0042**
	(-1.59)	(-1.48)	(0.66)	(0.71)	(-2.32)	(-2.24)
share1	0.0028	0.0031	-0.0038	-0.0037	0.0097	0.0104
	(0.67)	(0.75)	(-0.73)	(-0.71)	(1.51)	(1.62)
sharez	0.0001***	0.0001***	0.0001**	0.0001**	0.0001***	0.0001***
	(3.42)	(3.38)	(2.11)	(2.09)	(2.81)	(2.78)
行业，年度	控制	控制	控制	控制	控制	控制
_cons	0.2738***	0.2737***	0.2233***	0.2252***	0.3148***	0.3178***
	(18.43)	(18.41)	(9.82)	(9.90)	(11.14)	(11.24)
N	15086	15086	7571	7571	7515	7515
r2_a	0.4360	0.4356	0.4702	0.4701	0.4184	0.4178
F	316.1494	315.7232	182.5740	182.5261	147.0855	146.7267
p	0.0000	0.0000	0.0000	0.0000	0.0000	0.0000

2. 只保留当年对外捐赠的样本。本节企业捐赠的代理变量之一 lndon 为企业当年对外捐赠额的自然对数,但是,对于当年没有对外捐赠行为的企业样本,该变量取值为0,本节删除没有对外捐赠的企业样本,只保留当年有对外捐赠的企业样本进行稳健性检验,回归结果见表4-4-8和表4-4-9。

表4-4-8显示的是预测期为12期的权益资本成本(rgls)对企业对外捐赠额(lndon)、企业对外捐赠额与其当年营业收入的比值(dpoi)以及企业对外捐赠额与其当年总资产的比值(dpta)回归的结果,除第(7)列显示的低市场地位时 rgls 对 lndon 回归的结果之外,其他结果均与表4-4-4中的结果一致。

表4-4-9显示的是预测期为18期的权益资本成本(rgls18)对企业对外捐赠额(lndon)、企业对外捐赠额与其当年营业收入的比值(dpoi)以及企业对外捐赠额与其当年总资产的比值(dpta)回归的结果,除第(7)列显示的低市场地位时 rgls18 对 lndon 回归的结果之外,其他结果均与表4-4-4中的结果一致。

(五) 进一步分析

由于资源禀赋、地理位置以及国家政策的不同,各地区的市场化发育程度存在较大差异(郑军等,2013)。根据现有的研究,与市场化进程较快的地区相比,在市场化进程较慢的地区,要素市场和产品市场的市场分割和地方保护程度更为严重(李善同等,2004),企业通过对外捐赠来履行社会责任并披露相关的信息的动机可能就更加复杂。因此,本节认为,地区经济发展水平将可能影响到企业对外捐赠与其权益资本成本的关系,基于

表4-4-8 稳健性检验4-1

变量	全样本			高市场地位			低市场地位		
	rgls (1)	rgls (2)	rgls (3)	rgls (4)	rgls (5)	rgls (6)	rgls (7)	rgls (8)	rgls (9)
lndon	-0.0008** (-2.27)			-0.0006 (-1.23)			-0.0007 (-1.24)		
dpoi		-0.0009** (-2.41)			-0.0001 (-0.19)				
dpta			-0.0002** (-2.19)			0.0005 (0.45)		-0.0016*** (-3.35)	-0.0010*** (-2.68)
size	-0.0089*** (-8.77)	-0.0096*** (-10.10)	-0.0096*** (-10.12)	-0.0041*** (-2.84)	-0.0046*** (-3.34)	-0.0046*** (-3.37)	-0.0124*** (-5.94)	-0.0129*** (-6.35)	-0.0130*** (-6.41)
lev	0.0133*** (2.85)	0.0131*** (2.80)	0.0136*** (2.92)	0.0175** (2.56)	0.0178*** (2.60)	0.0179*** (2.62)	0.0047 (0.69)	0.0040 (0.59)	0.0047 (0.70)
roe	-0.1427*** (-19.36)	-0.1442*** (-19.68)	-0.1445*** (-19.65)	-0.1312*** (-13.32)	-0.1325*** (-13.51)	-0.1329*** (-13.53)	-0.1389*** (-12.31)	-0.1394*** (-12.41)	-0.1396*** (-12.40)
bm	0.0092*** (7.79)	0.0093*** (7.86)	0.0093*** (7.92)	0.0091*** (6.66)	0.0092*** (6.72)	0.0092*** (6.73)	0.0195*** (7.08)	0.0194*** (7.06)	0.0197*** (7.15)
beta	-0.0115*** (-3.46)	-0.0114*** (-3.43)	-0.0114*** (-3.43)	-0.0163*** (-3.86)	-0.0160*** (-3.81)	-0.0160*** (-3.80)	-0.0013 (-0.24)	-0.0014 (-0.26)	-0.0014 (-0.26)
ms	0.2162*** (5.26)	0.2098*** (5.11)	0.2126*** (5.18)	0.1104** (2.42)	0.1071** (2.35)	0.1078** (2.37)	-1.1435* (-1.70)	-1.3457** (-2.00)	-1.1542* (-1.72)

续表

变量	全样本			高市场地位			低市场地位		
	rgls (1)	rgls (2)	rgls (3)	rgls (4)	rgls (5)	rgls (6)	rgls (7)	rgls (8)	rgls (9)
gth	0.0207*** (9.77)	0.0206*** (9.71)	0.0208*** (9.81)	0.0210*** (7.44)	0.0210*** (7.47)	0.0210*** (7.47)	0.0227*** (7.12)	0.0223*** (6.97)	0.0228*** (7.14)
age	0.0013*** (8.89)	0.0013*** (9.09)	0.0013*** (9.05)	0.0004** (2.08)	0.0004** (2.15)	0.0004** (2.16)	0.0024*** (10.58)	0.0024*** (10.81)	0.0024*** (10.71)
state	0.0014 (0.91)	0.0015 (0.94)	0.0018 (1.11)	0.0042** (2.00)	0.0045** (2.17)	0.0046** (2.22)	−0.0021 (−0.85)	−0.0025 (−1.01)	−0.0020 (−0.83)
share1	−0.0030 (−0.57)	−0.0028 (−0.54)	−0.0023 (−0.44)	−0.0031 (−0.47)	−0.0026 (−0.39)	−0.0024 (−0.36)	0.0004 (0.04)	−0.0002 (−0.03)	0.0009 (0.11)
sharez	0.0002*** (4.94)	0.0002*** (4.94)	0.0002*** (4.91)	0.0001*** (2.71)	0.0001*** (2.70)	0.0001*** (2.69)	0.0002*** (4.03)	0.0002*** (4.04)	0.0002*** (4.01)
行业, 年度	控制	控制	控制	控制	控制	控制	控制	控制	控制
_cons	0.2986*** (15.39)	0.3053*** (15.86)	0.3043*** (15.81)	0.2070*** (7.32)	0.1390*** (4.61)	0.1391*** (4.62)	0.3357*** (8.03)	0.3413*** (8.19)	0.3411*** (8.17)
N	9714	9714	9714	5352	5352	5352	4362	4362	4362
r2_a	0.4001	0.4001	0.3997	0.3993	0.3991	0.3991	0.4162	0.4175	0.4160
F	180.9180	180.9481	180.6807	99.8032	99.7342	99.7418	87.3533	87.8189	87.3012
p	0.0000	0.0000	0.0000	0.0000	0.0000	0.0000	0.0000	0.0000	0.0000

表 4-4-9　　　　　　　　　稳健性检验 4-2

变量	全样本				高市场地位			低市场地位		
	rgls18 (1)	rgls18 (2)	rgls18 (3)	rgls18 (4)	rgls18 (5)	rgls18 (6)	rgls18 (7)	rgls18 (8)	rgls18 (9)
lndon	-0.0006* (-1.81)			-0.0005 (-1.18)			-0.0005 (-0.90)		
dpoi		-0.0012*** (-3.42)			-0.0006 (-1.00)			-0.0018*** (-3.89)	
dpta			-0.0014* (-1.77)			-0.0005 (-0.52)			-0.0034** (-2.27)
size	-0.0095*** (-10.10)	-0.0100*** (-11.36)	-0.0101*** (-11.36)	-0.0048*** (-3.78)	-0.0052*** (-4.25)	-0.0052*** (-4.33)	-0.0143*** (-7.06)	-0.0146*** (-7.42)	-0.0149*** (-7.55)
lev	0.0258*** (5.95)	0.0254*** (5.85)	0.0259*** (5.96)	0.0313*** (5.14)	0.0313*** (5.15)	0.0314*** (5.17)	0.0171*** (2.60)	0.0163** (2.47)	0.0167** (2.53)
roe	-0.1062*** (-15.50)	-0.1071*** (-15.73)	-0.1065*** (-15.60)	-0.1003*** (-11.48)	-0.1011*** (-11.62)	-0.1011*** (-11.60)	-0.1005*** (-9.16)	-0.1004*** (-9.20)	-0.0993*** (-9.06)
bm	0.0075*** (6.81)	0.0075*** (6.82)	0.0075*** (6.85)	0.0067*** (5.50)	0.0067*** (5.53)	0.0068*** (5.54)	0.0168*** (6.27)	0.0166*** (6.21)	0.0167*** (6.26)
beta	-0.0085*** (-2.76)	-0.0084*** (-2.73)	-0.0084*** (-2.74)	-0.0141*** (-3.78)	-0.0139*** (-3.72)	-0.0140*** (-3.74)	0.0036 (0.70)	0.0036 (0.69)	0.0038 (0.73)
ms	0.2185*** (5.69)	0.2121*** (5.52)	0.2154*** (5.61)	0.1417*** (3.48)	0.1368*** (3.36)	0.1392*** (3.42)	-0.7531 (-1.15)	-0.9738 (-1.49)	-0.7373 (-1.13)

续表

变量	全样本			高市场地位			低市场地位		
	rgls18	rgls18	rgls18	rgls18	rgls18	rgls18	rgls18	rgls18	rgls18
	(1)	(2)	(3)	(4)	(5)	(6)	(7)	(8)	(9)
gth	0.0154***	0.0152***	0.0155***	0.0156***	0.0156***	0.0157***	0.0172***	0.0166***	0.0172***
	(7.84)	(7.72)	(7.86)	(6.23)	(6.24)	(6.25)	(5.54)	(5.36)	(5.56)
age	0.0012***	0.0012***	0.0012***	0.0004***	0.0005***	0.0005***	0.0022***	0.0022***	0.0022***
	(9.23)	(9.42)	(9.35)	(2.68)	(2.73)	(2.73)	(9.90)	(10.13)	(10.02)
state	−0.0028*	−0.0029*	−0.0027*	−0.0010	−0.0008	−0.0007	−0.0047**	−0.0052**	−0.0049**
	(−1.86)	(−1.95)	(−1.81)	(−0.53)	(−0.45)	(−0.40)	(−1.96)	(−2.18)	(−2.05)
share1	0.0014	0.0012	0.0016	−0.0050	−0.0048	−0.0047	0.0096	0.0087	0.0097
	(0.29)	(0.24)	(0.34)	(−0.83)	(−0.80)	(−0.78)	(1.20)	(1.09)	(1.22)
sharez	0.0001***	0.0001***	0.0001***	0.0001**	0.0001**	0.0001**	0.0002***	0.0002***	0.0002***
	(3.99)	(4.02)	(3.99)	(2.20)	(2.21)	(2.19)	(3.55)	(3.58)	(3.56)
行业、年度	控制	控制	控制	控制	控制	控制	控制	控制	控制
_cons	0.2742***	0.2797***	0.2788***	0.1768***	0.1756***	0.1773***	0.3634***	0.3697***	0.3717***
	(14.50)	(14.92)	(14.87)	(6.64)	(6.49)	(6.56)	(9.58)	(9.78)	(9.79)
N	9684	9684	9684	5324	5324	5324	4360	4360	4360
r2_a	0.4690	0.4694	0.4689	0.5003	0.5002	0.5002	0.4509	0.4527	0.4514
F	238.5220	238.9622	238.5128	149.0305	149.0087	148.9680	100.4183	101.1505	100.6397
p	0.0000	0.0000	0.0000	0.0000	0.0000	0.0000	0.0000	0.0000	0.0000

此,本节进一步分析了我国不同地区①的企业其对外捐赠能否对其权益资本成本的降低发挥作用,结果见表4-4-10和表4-4-11。

由表中结果可知,在我国目前的地区经济发展状况下,只有经济中等以上地区的企业其对外捐赠才能对其权益资本成本的降低发挥作用,而在经济欠发达地区则不能发挥相应的作用。此结果说明,在经济欠发达地区,企业对外捐赠失去了在融资方面的信号作用。

表4-4-10　　　　　　　进一步分析1-1

变量	东部地区		中部地区		西部地区	
	rgls (1)	rgls (2)	rgls (3)	rgls (4)	rgls (5)	rgls (6)
dum_don	-0.0020* (-1.71)		-0.0180*** (-6.16)		-0.0015 (-0.43)	
lndon		-0.0002* (-1.68)		-0.0014*** (-6.17)		-0.0003 (-1.27)
size	-0.0099*** (-10.44)	-0.0098*** (-10.14)	-0.0126*** (-6.99)	-0.0119*** (-6.55)	-0.0076*** (-3.92)	-0.0071*** (-3.60)
lev	0.0150*** (3.29)	0.0149*** (3.28)	-0.0015 (-0.18)	-0.0017 (-0.20)	-0.0313*** (-3.41)	-0.0311*** (-3.39)

---

① 企业所属地区由其注册地来确定。本节根据全国人大八届五次会议及国家计委的划分标准,将地区分为东部、中部和西部三个地区。东部地区包括北京、天津、河北、辽宁、上海、江苏、浙江、福建、山东、广东和海南等11个省、市;中部地区包括黑龙江、吉林、山西、安徽、江西、河南、湖北、湖南等8个省;西部地区包括四川、重庆、贵州、云南、西藏、陕西、甘肃、青海、宁夏、新疆、广西和内蒙古等12个省、市、自治区。

续表

变量	东部地区		中部地区		西部地区	
	rgls	rgls	rgls	rgls	rgls	rgls
	(1)	(2)	(3)	(4)	(5)	(6)
roe	-0.1184***	-0.1180***	-0.1397***	-0.1378***	-0.1164***	-0.1157***
	(-15.81)	(-15.73)	(-11.74)	(-11.56)	(-8.78)	(-8.72)
bm	0.0121***	0.0120***	0.0129***	0.0127***	0.0089***	0.0088***
	(9.44)	(9.40)	(5.99)	(5.90)	(3.57)	(3.51)
beta	-0.0121***	-0.0121***	-0.0040	-0.0042	-0.0057	-0.0054
	(-3.63)	(-3.62)	(-0.66)	(-0.69)	(-0.83)	(-0.79)
ms	0.1044***	0.1045***	0.2266**	0.2344**	0.1304	0.1339
	(2.67)	(2.67)	(2.01)	(2.08)	(1.14)	(1.17)
gth	0.0203***	0.0202***	0.0331***	0.0329***	0.0238***	0.0238***
	(9.63)	(9.63)	(9.00)	(8.96)	(6.23)	(6.23)
age	0.0012***	0.0012***	0.0019***	0.0019***	0.0012***	0.0011***
	(8.65)	(8.61)	(6.95)	(6.99)	(3.74)	(3.69)
state	0.0040**	0.0039**	-0.0026	-0.0030	0.0018	0.0017
	(2.35)	(2.30)	(-0.92)	(-1.06)	(0.57)	(0.52)
share1	0.0010	0.0008	-0.0213**	-0.0219**	-0.0009	-0.0017
	(0.19)	(0.15)	(-2.12)	(-2.18)	(-0.08)	(-0.15)
sharez	0.0001***	0.0001***	0.0001	0.0001	0.0001*	0.0001*
	(3.98)	(3.99)	(0.97)	(0.94)	(1.76)	(1.80)
行业, 年度	控制	控制	控制	控制	控制	控制
_cons	0.3036***	0.3011***	0.3303***	0.3172***	0.2034***	0.1926***
	(14.81)	(14.61)	(9.31)	(8.89)	(4.94)	(4.59)
N	9797	9797	2847	2847	2475	2475
r2_a	0.3991	0.3992	0.3778	0.3779	0.3738	0.3742
F	176.8570	176.9064	47.7099	47.7158	40.9146	40.9767
p	0.0000	0.0000	0.0000	0.0000	0.0000	0.0000

表 4-4-11 显示的是被解释变量为预测期 18 期估计的权益资本成本的回归结果。

表 4-4-11　　　　　　进一步分析 1-2

变量	东部地区		中部地区		西部地区	
	rgls18	rgls18	rgls18	rgls18	rgls18	rgls18
	(1)	(2)	(3)	(4)	(5)	(6)
dum_don	-0.0031** (-1.97)		-0.0177*** (-6.67)		-0.0022 (-0.68)	
lndon		-0.0003** (-2.21)		-0.0014*** (-6.87)		-0.0004 (-1.44)
size	-0.0101*** (-11.25)	-0.0099*** (-10.92)	-0.0119*** (-7.26)	-0.0112*** (-6.74)	-0.0079*** (-4.36)	-0.0074*** (-4.03)
lev	0.0250*** (5.84)	0.0249*** (5.82)	0.0113 (1.47)	0.0112 (1.46)	-0.0124 (-1.45)	-0.0122 (-1.42)
roe	-0.0722*** (-10.24)	-0.0718*** (-10.17)	-0.0977*** (-9.00)	-0.0956*** (-8.78)	-0.0901*** (-7.26)	-0.0894*** (-7.20)
bm	0.0110*** (9.12)	0.0109*** (9.08)	0.0094*** (4.77)	0.0092*** (4.68)	0.0055** (2.36)	0.0054** (2.30)
beta	-0.0111*** (-3.55)	-0.0111*** (-3.56)	-0.0012 (-0.21)	-0.0013 (-0.24)	-0.0003 (-0.04)	-0.0000 (-0.01)
ms	0.0950** (2.56)	0.0958** (2.59)	0.1294 (1.25)	0.1352 (1.30)	0.2668** (2.50)	0.2705** (2.53)
gth	0.0176*** (8.89)	0.0176*** (8.87)	0.0252*** (7.48)	0.0250*** (7.43)	0.0195*** (5.46)	0.0195*** (5.46)
age	0.0012*** (8.96)	0.0012*** (8.93)	0.0018*** (7.35)	0.0018*** (7.37)	0.0008*** (2.87)	0.0008*** (2.83)

续表

变量	东部地区		中部地区		西部地区	
	rgls18	rgls18	rgls18	rgls18	rgls18	rgls18
	(1)	(2)	(3)	(4)	(5)	(6)
state	0.0006 (0.35)	0.0005 (0.30)	−0.0058** (−2.22)	−0.0062** (−2.39)	−0.0005 (−0.17)	−0.0007 (−0.22)
share1	0.0076 (1.50)	0.0074 (1.47)	−0.0265*** (−2.87)	−0.0273*** (−2.96)	0.0067 (0.65)	0.0060 (0.58)
sharez	0.0001*** (3.23)	0.0001*** (3.23)	0.0000 (0.42)	0.0000 (0.39)	0.0001 (1.13)	0.0001 (1.16)
行业，年度	控制	控制	控制	控制	控制	控制
_cons	0.3353*** (17.47)	0.3317*** (17.06)	0.3197*** (9.16)	0.3040*** (8.63)	0.1954*** (5.08)	0.1853*** (4.73)
N	9776	9776	2840	2840	2470	2470
r2_a	0.4529	0.4529	0.4359	0.4364	0.4340	0.4343
F	219.6627	219.7136	60.2802	60.4100	52.1573	52.2355
p	0.0000	0.0000	0.0000	0.0000	0.0000	0.0000

四、小结

本节以我国2007年至2016年A股上市公司为样本，研究了企业对外捐赠对其权益资本成本的影响。结果表明，企业对外捐赠能显著降低其权益资本成本；进一步的分析发现，企业对外捐赠对其权益资本成本降低效应只在其市场地位较低时存在，企业市场地位较高时这种效应并不显著。此结果说明，对外捐赠作为企业履行社会责任的一种方式，能对企业树立良好的社会形象起到促进作用，从而向投资者传递较好的信号，引起投资者的关注并得到投资者的偏好。

公司治理——基于内部控制视角

第一节 内部控制与企业可持续发展

近年来,国际经济形势严峻,市场动荡不安,全球经济复苏缓慢。同样,我国经济当前正处于较为漫长的转型期,在去产能、去库存、稳增长的过程中,必然会引起行业的剧烈震荡,企业的生存发展面临着前所未有的挑战。随着宏观经济环境的变化和产业结构的不断调整,企业在"新常态"的背景下如何实现可持续发展显得尤为重要。而内部控制作为维持正常生产经营、防范风险的主要手段,影响着企业的方方面面。谢志华(2009)研究发现,内部控制的目标之一便是提高企业竞争力、实现企业的可持续发展。由于企业内部控制的固有局限,当出现管理层舞弊和管理层凌驾等内控失效的情形时，会在一定程度上影响企业的可持续发展能力。企业通过建立完善、可靠的内部控制体系，严格执行内部控制制度，能够为企业营造良好的经营环境，监督违规活动，平衡各利益相关者之间的合法权益。当前已有的文献多是从社会责任、财务策略、宏观经济因素影响等方面着手，对企业可持续发展进行研究，鲜有考虑内部控制的影响。因此，深入探究内部控制质量的改善是否真的会促进企业可持续发展，具有重要的现实意义。

在企业所有权与经营控制权两权分立的今天，管理层对企业的生产经营拥有决定权，影响着企业的日常经营活动甚至未来的发展。国外学者Jensen（1993）最早以新古典经济理论的显性硬因素——管理者权力为基础研究发现，管理者权力能够显著地影响企业经营绩效。但新古典经济学理论假设所有管理层都是同质的，为了解决这一问题，后来的研究引入董事会特征变量，从年龄、学历等方面进行衡量，并以人口统计特征替代管理层异质性。直到Aghion et al.（2001）提出管理层提高假说，指出不同企业管理层的能力不同，会在一定程度上影响管理层的决策效果，并改变企业未来的发展前景。另外，管理层作为企业的实际控制者，是保障内部控制有效运行的根本因素，《企业内部控制基本规范》也明确指出了企业内部控制的日常运行由经理层负责。随着辉山乳业、欣泰电气等一系列的财务造假丑闻的曝光，我国学者开始关注管理层对内部控制的影响。赵息等（2013）从管理层特征、管理层权力出发研究发现，管理层确实在一定程度上影响了企业的内部控制质量。许江波等（2016）通过进一步考虑管理层的动机选择，得出了管理层较低的缺陷发现能力会导致企业内部控制缺陷识别和披露程度下降的结论。那么，管理层能力在影响企业可持续发展能力的同时是否也会对内部控制产生影响呢？管理层能力的影响是否会对企业发展和内部控制质量的提高有利呢？

综上所述，现有文献鲜有考虑内部控制对企业可持续发展能力的影响，综合考察管理层、内部控制和企业可持续发展的文献更是少之又少。而在经济环境日益复杂的今天，研究管理层能力、内部控制和企业可持续发展的关系，对厘清三者之间的作用机理，丰富内部控制经济后果的相关文献，并促进企业健康良好发展具有重要的经济意义。本节主要研究不同管理层能力背景下的内部控制与企业可持续发展的关系，进而在此基础之上对产权性质、管理层权力不同的企业进行区分研究，以期从内部治理的角度出发，研究管理层能力对内部控制和企业可持续发展能力的影响，丰富管理层能力经济后果的研究；并考虑内部控制的影响，检验其对企业可持续发展带来的后果，为企业建设有效内部控制制度和保持长久可持续发展提供一定的参考；以及考虑到我国的特殊国情和不同企业管理层权力的差异，区分产权性质和管理层权力，增加研究的深度。

一、理论分析与研究假设

《企业内部控制基本规范》将内部控制的目标定义为：提高企业经营管理水平和风险防范能力，促进企业可持续发展，维护社会主义市场经济秩序和社会公众利益。该定义明确指出，内部控制的目标之一就是实现企业的可持续发展，企业在制定内部控制制度时应该将该目标考虑在内。通常，企业会通过制定合理的发展战略，提高企业的经营管理水平和风险防范能力，不盲目扩张也不急于求成，以企业的稳定为基础，这在一定程度上增强了企业的可持续发展能力。从经济后果来看，内部控制在规范企业内部行为的同时，能够提高企业的经营业绩，促进企业的可持续发展。方红星等（2011）的研究发现，内部控制体现在生产经营的各个方面，高质量的内部控制通过优化企业行为，不仅能够抑制应计盈余管理水平，还能有效地降低真实盈余管理。张会丽等（2014）的研究也得出了类似的结论，企业提高内部控制的质量往往会产生良好的经济后果。在一定的市场条件下，内部控制甚至还能降低企业的融资成本，解决发展所需的资金问题，尤其是处于成长期和成熟期的企业，其内部控制质量越高，股权资本成本越低（廖义刚，2015）。不仅如此，内部控制还能够规范企业的投资流程，控制企业的投资风险，使利益相关者与企业保持有效的信息沟通，降低信息不对称程度，提升投资效率，增加企业经济效益（陈汉文、程智荣，2015）。因此，内部控制能够有效规范企业行为并带来正向经济效益，促进企业可持续发展，本节由此提出假设5-1-1：高质量的企业内部控制能够提升企业可持续发展能力。

企业内部控制由企业各阶层共同实施，包括董事会、监事会、管理层和普通员工。已有的研究多数考虑了董事会、管理层特征对内部控制的影响，发现在不同的条件下，其对内部控制的影响呈现出一定的差异。朱海珅等（2010）通过对董事会特征与内部控制进行研究发现，董事会中独立董事和财务专家与企业内部控制有密切的关系，独立董事和财务专家所占的比例越高，企业内部控制失效的可能性越小。管理层声誉同样会影响企业内部控制，良好的管理层声誉会促使企业建立高质量的内部控制制度，并在出现缺陷的时候进行修复，提高内部控制的有效性（Francis et al.，2013），而张继德（2013）也研究指出，管理层自身的态度与企业内部控制的有效性存在密切的关系，当管理层持有积极的态度时，内部控制往往更加有效。根据管理学理论，优秀的管理层应该具备多种能力，虽然内部控制具有固有缺陷，但管理层能力强的企业会建立健全有效的内部控制制度，一方面，高质量的内部控制能够降低风险，规范员工的行为，从而保护投资者的利益，另一方面，优秀的管理层会借此释放积极的信号，提供高质量的会计信息，使企业更容易获得资金。

较高的管理层能力还能提高决策的有效性，对企业的发展具有积极作用。Andreou et al. (2015) 研究发现，不同企业的管理层能力存在显著差异，而这些差异体现在不同的行为方式和对企业战略的选择上。Lin et al. (2014) 更进一步的研究表明，具有较强能力的管理层会通过不同的管理行为进行决策，并提高企业的经营业绩。在实际经营过程中，管理层需要阅读企业内、外部环境变化的信息，并作出正确的调整，保证企业平稳快速地发展，管理层能力较强的企业往往在这方面更胜一筹（吴秋生、郝诗萱，2013）。还有学者认为，上市公司的管理层能力能够减少在职消费，使管理层将精力更多地放在企业的生产经营上，有利于企业价值的提升，长期来看，对企业的可持续发展具有积极的作用（张铁铸，2014）。基于以上分析，本节提出假设 5-1-2：管理层能力能够正向调节内部控制与企业可持续发展之间的相关关系。

二、研究设计

（一）变量界定

1. 管理层能力（Ma）。管理层能力是指管理层对企业各种资源有效利用的能力，一般来说，具有较高管理层能力的企业能够在既定的生产要素投入水平下取得更高的产出。当前，可以通过异常收益水平、媒体关注度、管理层薪酬等方面对管理层能力进行核算，但这些方法都存在太多的噪声，核算结果准确性不高,因此,本节采用 Dermerjian et al.(2012)的做法,假设企业的效率受企业因素和管理层能力两方面的影响,通过数据包络分析(DEA)并建立相应的模型核算得到管理层能力,该方法具有较高的信度,得到大多数学者的一致认可。

本节首先通过 DEA 的 CCR 模型对生产效率进行测算,并控制行业和年度。在模型中选取营业成本(Cost)、销售与管理费用之和(SG&A)、固定资产净额(PPE)、无形资产(Intangible)、商誉(Goodwill)、研发支出(R&D)为投入变量,产出变量选取营业收入(Sales),生产效率估计公示如下:

$$Max_v \theta = \frac{Sales}{v_1 Cost + v_2 SG\&A + v_3 PPE + v_4 Intangible + v_5 Goodwill + v_6 R\&D}$$

$$(5-1-1)$$

上述公示中所测算出的生产效率分布于 0 到 1 之间,同时包含了企业层面和管理层能力的影响,直接以其大小来衡量管理层能力,会产生高估的风险。基于此,本节构建下列 Tobit 回归模型,选取总资产(Assets)、市场份额(Ms)、自有现金流(Fcf)、上市年限(Age)、业务复杂性(BHHI)作为企业层面生产效率影响因素,提出企业层面的影响,回归模型的残差即为管理者能力:

$$\theta = \alpha_1 + \alpha_2 lnAssets + \alpha_3 Ms + \alpha_4 Fcf + \alpha_5 Age + \alpha_6 BHHI + Year_i + \varepsilon_i$$

$$(5-1-2)$$

2. 内部控制(IC)。为了较为全面、可靠地衡量企业内部控制质量,本节参照干胜道等(2014)的做法,采用迪博风险数据库中的"内部控制指数"作为内部控制的替代变量,该指数来源于上市公司年报、内部控制自我评价报告等,能够有效地评价上市公司内部控制质量的高低。

3. 可持续发展能力(SGR)。企业可持续发展能力是指企业的长期盈利能力和持久竞争力,当前,有多种方法对其进行衡量,但考虑到本节采用的是静态面板数据,因此,借鉴刘斌等(2002)的方法,并按照范霍恩可持续发展静态模型构建企业可持续发展指标,对上市公司可持续发展能力进行衡量。

4. 企业风险(Risk)。风险贯穿于企业生产经营的过程中。当风险较高时,企业的利益相关者出于谨慎性的考虑,会减少与企业之间进行的资源交换,宁愿接受较低的收益而不愿承担过高的风险,从而在一定程度上削弱企业的可持续发展能力,因此,本节将企业风险纳入控制变量当中。

5. 企业特征变量。Doyle et al. (2007)研究表明,企业规模大小、上市年限的长短等因素会影响企业内部控制的投入,从而影响内部控制质量。基于以上原因,本节同样将企业规模对数(lnSize)、资产收益率(ROA)、资产负债率(Lev)、上市年限(Age)作为控制变量。

6. 公司治理变量。由于逆向选择和道德风险的存在,Brown et al. (2011)认为,公司治理能够有效地处理这些风险并合理地保护投资者的权益。本节控制了董事会规模(DP)、监事会规模(JP)这两个公司治理变量,充分考虑公司治理在其中发挥的重要作用。

7. 审计师变量。审计师的选择能够影响企业内部控制信息披露的质量,而利益相关者会据此提供的信息作出相关决策,因此,本节还控制了审计师的变更(Change)和审计师是否来自"四大"会计师事务所(Big4)。

此外,本节考虑了行业(Ind)与年份(Year)的固定效应,具体变量定义如表5-1-1所示:

表 5-1-1　　　　　　　　变量定义表

变量名称	变量符号	变量定义
管理层能力	Ma	采用 DEA–Tobit 模型计算
内部控制	IC	迪博内部控制指数的自然对数
可持续发展能力	SGR	企业可持续发展 = 销售净利率 × 收益留存率 × (1 + 产权比率) / [1/总资产周转率 – 销售净利率 × 收益留存率 × (1 + 产权比率)]
企业风险	Risk	综合杠杆 = 财务杠杆 × 经营杠杆
企业规模	lnSize	期末总资产的自然对数
盈利能力	ROA	资产收益率
资产负债率	Lev	期末总负债/期末总资产
上市年限	Age	企业上市年龄
董事会规模	DP	董事会董事人数
监事会规模	JP	监事会监事人数
审计师变更	Change	虚拟变量，若当年企业更换审计师，Change = 1，否则，Change = 0
审计师特征	Big4	虚拟变量，当年审计企业的事务所为"四大"，Big4 = 1，否则，Big4 = 0

（二）样本选择与数据来源

本节选取 2012—2016 年 A 股上市公司作为研究样本，并对初始数据作了如下处理：（1）剔除 ST、ST * 的上市公司；（2）剔除金融保险类上市公司；（3）剔除相关数据缺失的样本；（4）剔除相关数据异常的样本。在对上述数据进行缩尾处理之后，最终得到 8526 个样本观测值。本节中的财务数据来自 CSMAR 和 WIND 数据库，内部控制指数来自迪博风险管理数据库，其中，部分数据通过手工收集、计算得到，数据统计及处理软件为 Stata14.0。

（三）模型构建

本节借鉴 Johnstone et al.（2011）的研究方法，构建模型

（5-1-3）来检验假设5-1-1以及内部控制对企业可持续发展的影响，并在此基础之上引入管理层能力和当期内部控制质量的交乘项，构建模型（5-1-4）和模型（5-1-5），对管理层能力的调节作用进行检验：

$$SGR_{it} = \beta_0 + \beta_1 IC_{it} + \sum control_{it} + \varepsilon_{it} \quad (5-1-3)$$

$$SGR_{it} = \beta_0 + \beta_1 IC_{it} + \beta_2 Ma_{it} + \sum control_{it} + \varepsilon_{it} \quad (5-1-4)$$

$$SGR_{it} = \beta_0 + \beta_1 IC_{it} + \beta_2 Ma_{it} + \beta_3 IC_{it} \times Ma_{it} + \sum control_{it} + \varepsilon_{it} \quad (5-1-5)$$

三、实证分析

（一）描述性统计

表5-1-2为主要变量的描述性统计结果。从表中可以看出，管理层能力最大值为0.916、最小值为0.608，不同企业的管理层能力之间存在着一定的差异。可持续发展能力最大值为0.307、最小值为-0.360、均值为0.046，可见各企业的可持续发展能力不高，不同企业之间差异大，企业在该方面还具有较大的增长空间。内部控制均值为6.484、最小值为3.422，均大于0，不难看出企业内部控制整体质量较好。企业风险最大值为22.908、最小值为-3.865、均值为2.377、标准差为3.388，可见样本企业普遍存在一定程度的风险，且不同企业之间差异大。

表5-1-2　　　　　　主要变量描述性统计

变量	样本数量	均值	标准差	最小值	最大值
Ma	8526	0.649	0.486	0.608	0.916
SGR	8526	0.046	0.864	-0.360	0.307
IC	8526	6.484	0.144	3.422	6.893

续表

变量	样本数量	均值	标准差	最小值	最大值
Risk	8526	2.377	3.388	-3.865	22.908
lnSize	8526	22.023	1.223	19.751	25.888
ROA	8526	0.037	0.049	-0.145	0.184
Lev	8526	0.414	0.211	0.046	0.888
Age	8526	12.624	6.401	5	27
DP	8526	9.206	2.295	3	18
JP	8526	3.787	1.367	1	13
Change	8526	0.688	0.463	0	1
Big4	8526	0.045	0.207	0	1

(二) 相关性检验

本节还对主要变量进行了 Pearson 相关性检验,由于篇幅有限,文中并未作出展示。相关性检验结果表明,各变量之间不存在严重的多重共线性问题,变量之间的相关系数均小于 0.5。其中,内部控制与企业可持续发展的相关系数为 0.311,并在 1% 的水平下显著,即内部控制与企业可持续发展能力之间存在着显著的正相关关系,结果与假设 5-1-1 基本一致。

(三) 回归结果

在模型 (5-1-3) 的回归结果中,内部控制的系数为 0.022,在 1% 的水平下与企业可持续发展能力显著正相关,表明良好的内部控制质量能够有效地提高企业可持续发展能力,假设 5-1-1 得到了验证。同时,从回归结果可见,控制变量中的资产收益率、资产负债率、企业风险、上市年限以及是否为"四大"会计师事务所审计均与企业可持续发展能力显著正相关,这表明了上市年限长、资产收益率高、具有适当的资产负债率和企业风险并由"四大"会计师事务所审计的上市公司往往可持续发展状况较好（见表5-1-3）。

为了进一步验证假设5-1-2，在模型（5-1-4）和模型（5-1-5）中加入了管理层能力和管理层能力与内部控制的交乘项，结果显示，在模型（5-1-4）和模型（5-1-5）当中管理层能力的回归系数均为正，且在1%的水平下显著，即管理层能力与企业可持续发展能力存在显著的正相关关系。同样，交乘项的回归系数也在1%的水平下显著为正，说明了管理层能力能够正向调节内部控制与企业可持续发展能力的相关关系，在管理层能力越强的企业当中，高质量的内部控制对企业可持续发展能力的促进作用更为明显，假设5-1-2得到了验证。

表5-1-3　管理层能力、内部控制与企业可持续发展回归结果

变量	模型（1）	模型（2）	模型（3）
Ma		0.049*** (3.23)	0.301*** (5.55)
IC	0.022*** (5.46)	0.021*** (5.10)	0.003*** (6.27)
IC × Ma			0.005*** (6.95)
Risk	0.001*** (8.88)	0.001*** (8.98)	0.001*** (9.55)
lnSize	0.001 (1.21)	0.002 (0.30)	0.004 (0.68)
ROA	1.641*** (11.41)	1.636*** (11.94)	1.617*** (12.23)
Lev	0.097*** (26.20)	0.093*** (23.68)	0.079*** (19.31)
Age	0.002*** (2.01)	0.019** (1.79)	0.003*** (2.26)

续表

变量	模型（1）	模型（2）	模型（3）
DP	-0.005 (-1.62)	-0.004 (-1.63)	-0.004 (-1.17)
JP	0.005 (0.94)	0.005 (0.86)	0.007 (1.22)
Change	0.002 (0.25)	0.003 (0.28)	0.004 (0.44)
Big4	-0.006** (-1.94)	-0.007*** (-2.18)	-0.007 (-1.96)
常数项	-0.217 (-7.85)	-0.228 (-7.90)	-0.109*** (-2.97)
R^2 - adj	0.701	0.710	0.683
F 值	52.22***	49.27***	43.32***

注：***、**、* 分别表示在1%、5%、10%的水平下显著，括号内为回归系数的 t 值，下表同。

（四）进一步研究

已有的研究表明，不同产权性质的企业往往对内部控制质量的要求有所不同，特别是在我国特殊的市场经济环境下，对企业产权性质的考虑更是必不可少的。近年来，随着经济的不断发展、政策倾向的调整，民营企业逐渐发展壮大，经济实力迅速增强。但相比于国有企业，民营企业没有政府的资金作为支持，在陷入经营困境时，大多数情况下只能采取自救行动，因而，风险意识往往较强。在平时正常的经营过程中，为了有效地防范风险，民营企业倾向于建立良好的内部控制体系，更加严格地执行内部控制规范，在企业内部营造良好的控制环境。同时，迫于外在压力，民营企业还会对内部控制的设计和运行不断改进，其内部控制质量往往高于国有企业。而国有企业以政府作为实际的控制人，在追求利润最大化的同时更多是承担着就业、税收等维护社会稳定的任务。这些政策性的负担不仅会改变企业的经营发展方向，影响企业的可持续发展能力，还打击了企业管理者的积极性。国有企业的内部控制与民营企业存在着一定的差异，所以有必要考虑不同企业性质下内部控制对企业可持续发展能力的影响。

根据委托－代理理论，在企业中，管理层与股东之间的目标不一致，而董事会能够有效地对管理层实施监督，平衡股东与管理层之间的利益。当董事长同时兼任 CEO 时，董事会对管理层的监督可能会被弱化，管理层同时具有了监督权和执行权，其权力更加绝对化。而两职合一不仅会强化管理层的权力，形成"壕沟效应"，在内部控制存在固有缺陷的情况下，管理层舞弊和凌驾等内控失效的情形也会随之增加（Jensen，1993）。因此，在两职合一的情况下，管理层权力较为集中，内部控制失效的风险增加，企业内部控制往往得不到有效的实施，本节借鉴王海兵等（2016）的研究方法，选择两职合一作为衡量指标，并将该因素纳入研究范畴。

为了进一步研究产权性质和两职合一对内部控制与企业可持续发展能力的影响，本节引入了产权性质和两职合一的虚拟变量，并加入了产权性质与内部控制、两职合一与内部控制的交乘项。结果如表 5 - 1 - 4 所示，产权性质的交乘项系数为 - 0.004，并在 1% 的水平下显著，表明在民营企业，内部控制与企业可持续发展能力的正相关关系更加突出。同样，两职合一的交乘项系数 - 0.001 在 1% 的水平下显著，表明两职合一抑制了内部控制对企业可持续发展能力的影响，两职合一不利于企业的可持续发展。

表 5-1-4 不同产权性质、两职合一程度下内部控制与企业可持续发展回归结果

变量	产权性质	两职合一
IC	0.001*** (2.58)	0.003*** (2.16)
State	0.030*** (5.67)	
Dual		-0.026 (-3.34)
IC × State	-0.004*** (-5.22)	
IC × Dual		-0.001*** (-3.35)
Risk	0.001*** (9.25)	0.001*** (8.87)
lnSize	0.001 (1.43)	0.006 (0.90)
ROA	1.619*** (11.19)	1.645*** (12.33)
Lev	0.083*** (20.78)	0.096*** (25.25)
Age	0.004*** (3.16)	0.002*** (2.00)
DP	-0.004 (-1.28)	-0.006 (-1.63)
JP	0.009 (1.56)	0.005 (0.94)
Change	0.004 (0.44)	0.002 (0.21)

续表

变量	产权性质	两职合一
Big4	-0.005 (-1.35)	-0.007*** (-1.98)
常数项	-0.089*** (-5.90)	-0.074** (-1.92)
R^2-adj	0.698	0.708
F值	37.89	38.42

(五) 稳健型检验

1. 替换被解释变量。为了保证本节研究结果的稳健性,本节首先使用 CSMAR 数据库中的可持续增长率指标对可持续发展能力 SGR 进行替换。根据回归结果显示,其结果与替换前的结果基本一致,假设 5-1-1 和假设 5-1-2 同样成立,替换前后研究结果稳健(见表 5-1-5)。

表 5-1-5　替换企业可持续发展能力指标的稳健型检验

变量	模型 (1)	模型 (2)	模型 (3)
Ma		0.054*** (3.32)	0.395*** (6.39)
IC	0.019*** (5.73)	0.020*** (4.98)	0.005*** (6.52)
IC × Ma			0.005*** (7.23)
Risk	0.002*** (9.12)	0.002*** (9.29)	0.001*** (9.47)
lnSize	0.002 (1.09)	0.002 (0.23)	0.003 (0.47)

续表

变量	模型（1）	模型（2）	模型（3）
ROA	1.728*** (12.29)	1.931*** (11.78)	1.475*** (11.38)
Lev	0.073*** (22.39)	0.087*** (23.43)	0.070*** (28.93)
Age	0.002*** (1.99)	0.018** (1.72)	0.003*** (2.41)
DP	-0.004 (-1.53)	-0.004 (-1.59)	-0.003 (-1.33)
JP	0.005 (1.12)	0.004 (0.94)	0.005 (1.35)
Change	0.003 (0.56)	0.005 (0.47)	0.006 (0.47)
Big4	-0.065*** (-2.35)	-0.006*** (-2.48)	-0.006 (-1.78)
常数项	-0.294 (-7.25)	-0.236 (-7.36)	-0.103*** (-4.30)
R^2 - adj	0.619	0.602	0.628
F 值	48.43***	43.39***	43.45***

2. 超前—滞后期（Lead - Lag Approach）检验。由于本节研究的是内部控制与企业可持续发展能力的影响，而内部控制与企业可持续发展能力之间可能存在着内生性问题，因此，本节在主要的回归分析中对解释变量进行了滞后一期处理，这种超前—滞后期（Lead - Lag Approach）的方式能够在一定程度上缓解内生性的问题。检验结果如表 5 - 1 - 6 所示，主要结论并未发生改变，表明本节的研究未受到内生性的严重影响，研究结论较为稳健。

表 5-1-6　超前—滞后期（Lead-Lag Approach）稳健性检验结果

变量	模型（1）	模型（2）	模型（3）
Ma_{t-1}		0.058*** (3.40)	0.366*** (6.85)
IC_{t-1}	0.038*** (5.33)	0.023*** (5.22)	0.004*** (6.75)
$IC_{t-1} \times Ma_{t-1}$			0.004*** (7.85)
$Risk_{t-1}$	0.003*** (9.37)	0.003*** (8.29)	0.005*** (9.73)
$lnSize_{t-1}$	0.003 (1.11)	0.004 (0.44)	0.003 (0.85)
ROA_{t-1}	1.383*** (12.30)	1.294*** (11.35)	1.472*** (11.33)
Lev_{t-1}	0.052*** (22.05)	0.085*** (23.95)	0.076*** (23.46)
Age_{t-1}	0.005*** (2.45)	0.036* (1.74)	0.003*** (2.37)
DP_{t-1}	-0.004 (-1.38)	-0.003 (-1.36)	-0.003 (-1.27)
JP_{t-1}	0.002 (1.25)	0.004 (0.63)	0.004 (1.37)
$Change_{t-1}$	0.003 (0.69)	0.003 (0.74)	0.006 (0.85)
$Big4_{t-1}$	-0.035*** (-2.94)	-0.075*** (-2.85)	-0.059 (-1.25)
常数项	-0.984 (-8.39)	-0.856 (-7.78)	-0.125*** (-4.26)
R^2-adj	0.623	0.631	0.624
F 值	48.28***	45.85***	41.52***

四、小结

本节以 2012—2016 年 A 股上市公司作为研究对象，对管理层能力、内部控制和企业可持续发展之间的关系进行实证检验发现：(1) 内部控制与企业可持续发展之间具有显著的正相关关系，内部控制质量越高，企业可持续发展能力越强；(2) 管理层能力能够正向调节内部控制与企业可持续发展之间的正向关系；(3) 内部控制对企业可持续发展的促进作用主要体现在民营企业中，而在两职合一的企业中，这种关系得到了抑制。

本节的研究结论表明，在关注影响企业可持续发展的因素时，不仅应该考虑内部控制的影响，还需要重视管理层能力，基于本节的研究结论，本节提出以下建议：

首先，我国企业应该积极完善公司内部控制体系，建立健全内部治理机制，权衡各利益相关者之间的权力，防范因管理层舞弊等内控失效情形而对企业可持续发展能力产生不良影响。

其次，发展职业经理人市场，尤其是在国有性质和两职合一的企业当中，规范职业经理人的筛选、培训和考评过程，并充分提升企业管理层的能力。

最后，实施内部控制的目标责任制，将其纳入管理者的薪酬和激励评价体系，督促管理者提升能力，建立管理层能力的长效转化机制。

第二节　内部控制与运营效率

在严峻的全球经济形势的影响之下，我国经济当前正处于艰难而漫长的转型期。近年来，大力去产能、去库存的过程，引起了相关行业的剧烈震荡，企业的生存发展面临着前所未有的挑战。因此，随着宏观经济环境的变化和产业结构的不断调整，企业如何保障高运营效率并实现其持续稳步的增长成为其首要任务。而内部控制作为识别企业内部缺陷、保障企业持续经营的主要手段之一，在其中发挥着重要的作用。《企业内部控制基本规范》中明确指出，内部控制的目标是提高企业管理经营效率，促进企业发展并维护利益相关者的合法权益。一般来讲，企业会根据自身情况制定合理的内部控制制度，提高企业的经营管理水平和风险防范能力，这会在一定程度上提高企业的运营效率。国外学者对该方面的研究大多是在 2002 年《Sarbanes – Oxley 法案》之后出现。Michaels（2003）认为在该法案提出后，企业内部控制质量显著提高，由此降低了企业的管理成本，提高了收益水平。但仍有部分学者发现，这种内部控制提高带来企业营运方面的改善和收益的变化其实并不明显（Powell，2005；Romano，2005）。这种争论一直持续到 DEA 包络分析方法引入生产、运营效率的测算中，Feng et al.（2013）通过 DEA – CCR 模型计算企业运营效率，实证研究结果表明，内部控制缺陷的修复会在一定程度上提高企业的运营效率。相对于国外，由于我国内部控制规范正处于逐步完善阶段，该方面的研究起步较晚。谢志华（2009）研究发现，内部控制的目标之一便是提高企业竞争力，实现企业效率的提高和企业收益的增长。赵息等（2013）还从管理层特征、管理层权力出发进行相关研究发现，管理层确实在一定程度上影响了企业的内部控制质量，并体现出不同企业经营成果的差异。章添香等（2015）的研究表明，在商业银行中，外部审计和内部控制实施呈替代关系，这对企业经营效率产生正向影响。但在我国特有的市场经济条件之下，内部控制与运营效率之间是否具有直接的关系，两者之间的影响机制到底是怎样的，导致运营效率改善的那部分内部控制是否会产生一定的经济后果，这都有待进一步的研究。

现有文献较少考虑内部控制与运营效率之间的内在关系，同时对两者之间的内在影响路径及其带来的经济后果进行深入研究的文献更是少之又少。而在市场经济不断发展变化的今天，研究内部控制与运营效率之间的关系，对厘清两者之间的内在作用机理、丰富内部控制经济后果相关文献、促进企业不断健康良好发展具有非常重要的经济意义。本节主要研究内部控制与运营效率的关系，进而在此基础之上对两者关系的内部作用机制及其所带来的经济后果进行研究，以期在我国国情下，考察上市公司内部控制与运营效率之间的关系，丰富相关方面的研究；并以此为基础，深入剖析内控控制与运营效率之间的具体影响路径，为企业实际生产经营提供一定的参考。

一、理论分析与研究假设

企业建立良好的内部控制体系，很大程度上是为了提高企业的运营效率，获得更大的收益。而无效的内部控制可能会产生有缺陷的内部管理报告，并用于错误的运营决策，进而对企业运营效率产生负面影响。Feng et al.（2009）研究发现，与信息技术相关的内部控制重大缺陷可能会损害公司捕获、处理和记录原始交易数据的能力，导致内部管理报告出现错误。Alexander et al.（2013）认为，由于内部管理报告对经理人的日常经营决策至关重要，因此，内部控制的有效性不仅会影响管理层的指导意见，还会影响其他基于内部报告的管理决策（徐虹等，2017；陈作华，2015）。首先，无效的内部控制通过影响销售预测报告可能对公司运营效率产生负面影响（Bauer 1996）。具体而言，与收入认定相关的无效内部控制可能会对公司销售预测能力产生不利影响,进而对下一阶段管理人员的生产决策产生不利影响。Cheng et al. (2013)发现:一方面,销售的过度预测可能会导致生产投入的过度配置,从而导致库存过时、储存、闲置能力、冗余人力和资源浪费等形式的成本增加;另一方面,对销售情况的预测不足可能导致生产投入不足,最终可能导致成本上升。如果内部控制效率低下,也可能会通过运营费用错报而对运营效率造成不利的影响(Davila and Foster 2005)。如果单位成本被高估,单位可能会定价过高,企业可能会失去对竞争对手的销售。如果单位成本被低估,单位价格可能太低,导致企业利润率不必要地降低,甚至无法弥补单位成本。在这两种情况下,操作效率都降低了。除此之外,不准确的营业费用报表也会对管理者控制运营成本的能力产生不利影响,最终导致运营效率下降。Cassar 等(2008)还发现,虽然管理人员可以识别产生这些差异的原因并采取纠正措施,以及时减少或消除这些差异,但是,运营成本低可能会延迟管理人员采取措施来减少或消除不利的差异,导致对运营成本的控制较差、运营效率降低。总之,无效的内部控制可能会降低运营效率,降低内部报告的质量,导致运营决策不理想。因此,本节提出假设 5-2-1:内部控制缺陷会降低企业的运营效率。

一般来说,无效的内部控制不仅会导致更大的信息风险,还增加了代理问题以及经理和其他员工盗用企业资源的可能性(Lambert et al.,2007;林润辉等,2015)。而职责分工不够、文件不完善等内部控制不力的现象,会进一步加剧员工对资源的盗用。对于资产被盗用机会较多的企业来说,有效的内部控制应该在防止经理或员工分流资源方面发挥更为重要的作用。因此,在这些企业当中,内部控制的运营效率和重大缺陷之间的负相关性更强。已有的研究表明,在两种情况下盗用公司资源更可能发生:首先,Myers 等(1998)认为,流动资产比其他资产更难追踪,更容易转向私人消费,这使得它们更易受到开采的影响。同样,Caprio et al.(2013)发现,在政治威胁较大的国家,企业更加倾向于拥有较低比例的液态资产,以此规避政治变化带来的风险。其次,Bushman et al.(2004)认为,在多个地理区域具有竞争业务的企业面临更复杂的运营和信息环境,因此,需要更多的监控活动来减轻道德风险问题。Bodnar et al.(1999)也认为,协调企业不同部门的活动,并将资源和权力下放到不同的地理位置,可能会增加代理成本,使监督变得更加困难和昂贵,内部控制失效的可能性也会更大。因此,在流动资产较多且地理区域较多的企业当中,管理层对资源的盗用机会会更大。本节基于上述分析提出假设 5-2-2:在流动资产较多的企业当中,内部控制缺陷与运营效率之间的负相关关系更为显著;以及假设 5-2-3:在具有较大地域多元化的企业当中,内部控制缺陷与运营效率之间的负相关关系更为显著。

二、研究设计

(一)变量界定

1. 内部控制(IC)。本节中的内部控制主要指内部控制的有效性,即内部控制是否在防止、发现并纠正财务报表重大错报方面存在缺陷。因此,设置内部控制虚拟变量,0 代表当年企业内部控制不存在缺陷,1 代表当年企业内部控制存在缺陷,数据来源于 CSMAR 内部控制数据库。

2. 运营效率(Efficiency)。运营效率是指企业运用其资产的有效程度,它反映了企业资产的周转状况。通过对运营效率进行分析,可以了解企业的营业状况及经营管理水平。当前,可以通过资产周转率、资产平均占用额、现金周转率等相关方面的指标对运营效率进行核算，但这些方法都存在太多的噪声，不能准确地测算企业运营效率，因此，本节采用 Dermerijian et al.（2012）的做法，假设企业的效率受企业因素和管理层能力两方面的影响，通过数据包络分析（DEA）并建立相应的模型，核算得到管理层能力，该方法具有较高的信度，得到大多数学者的一致认可。

本节通过 DEA 中的 CCR 模型对运营效率进行测算，并控制行业和年度。在模型中选取营业成本（Cost）、销售与管理费用之和（SG&A）、净资产（Netasset）、无形资产（Intangible）、商誉（Goodwill）、研发支出（R&D）、租赁费用（Opslease）为投入变量，产出变量选取营业收入（Sales），运营效率的估计公示如下：

$$Max_v \theta = \frac{Sales}{v_1 Cost + v_2 SG\&A + v_3 Netasset + v_4 Intangible + v_5 Goodwill + v_6 R\&D + v_7 Opslease}$$

$$(5-2-1)$$

上述公示所测算出的结果即为运营效率，同时包含了管理层和企业层面的影响，以其大小能够较为准确地衡量运营效率。

3. 地域多元化（GD）。很多国内外文献都将外地业务收入占企业总体收入的比重作为地域多元化的衡量指标。该指标与其他指标相比，具有一定的优越性。当前，我国企业正处于高速增长时期，企业规模不断扩大，地域范围也随之扩张，尤其是海外的业务收入所占比重也逐年提高（汪建成、毛蕴诗，2006）。考虑到很大一部分中国企业已经进入海外扩张阶段，因此，本研究将采用海外业务收入占企业总收入的比重作为衡量地域多元化程度的一个变量。

4. 流动资产比率（ACT）。本节中的流动资产比率与其他文献的计算方法略有不同，采用企业流动资产与总资产的比值计算所得，衡量企业所拥有流动资产的多少。

5. 企业特征变量。Doyle et al. (2007) 研究表明，企业规模大小、成长性等会影响企业内部控制的投入，从而影响内部控制质量，基于以上原因，本节同样将企业规模对数（lnSize）、企业成长性（Growth）、自由现金流（Fcf）作为控制变量。

6. 审计师变量。审计师的选择能够影响企业内部控制信息披露的质量，而利益相关者会据此提供的信息作出相关决策，因此，本节还控制了审计师的变更（Change）和审计师是否来自"四大"会计师事务所（Big4）。

此外，本节考虑了行业（Industry）与年份（Year）的固定效应，具体变量定义如表 5-2-1 所示。

表 5-2-1　　　　　　　　变量定义表

变量名称	变量符号	变量定义
运营效率	Efficiency	采用 DEA-CCR 模型计算
内部控制	IC	虚拟变量；若当年内部控制存在缺陷，IC=1，否则，IC=0
地域多元化	GD	对外交易收入（除中国大陆的部分）/营业收入
流动资产比率	ACT	流动资产/总资产
企业规模	lnSize	期末总资产的自然对数
成长性	Growth	主营业务收入增长率
自由现金流	Fcf	虚拟变量；若自由现金流高于行业均值，Fcf=1，否则，Fcf=0
审计师变更	Change	虚拟变量；若当年企业更换审计师，Change=1，否则，Change=0
审计师特征	Big4	虚拟变量，当年审计企业的为"四大"会计师事务所，Big4=1，否则，Big4=0

（二）样本选择与数据来源

本节选取 2012—2016 年 A 股上市公司作为研究样本，并对初始数据做了如下处理：（1）剔除 ST、ST* 的上市公司；（2）剔除金融保险类上市公司；（3）剔除相关数据缺失和数据异常的样本。在对上述数据进行 1% 水平下的缩尾处理之后，除去包络分析（DEA）损失的部分样本，最终得到 4750 个样本观测值。本节中的财务数据来自 CSMAR 数据库，研发支出和对外交易收入来自 WIND 数据库，其中，部分数据通过手工收集计算得到，数据统计及处理软件为 Stata14.0。

（三）模型构建

本节通过构建模型（5-2-2）来检验假设 5-2-1，并在此基础之上分别引入地域多元化和内部控制的交乘项与流动资产比率和内部控制的交乘项，构建模型（5-2-3）和模型（5-2-4），对内部控制对运营效率的影响路径进行研究：

$$Efficiency_{it} = \beta_0 + \beta_1 IC_{it} + \beta_2 Insize_{it} + \beta_3 Growth_{it} + \beta_4 Fcf_{it} + \beta_5 Change_{it} + \beta_6 Big4_{it} + \varepsilon_{it} \quad (5-2-2)$$

$$Efficiency_{it} = \beta_0 + \beta_1 IC_{it} + \beta_2 GD_{it} + \beta_3 GD \times IC_{it} + \beta_4 Insize_{it} + \beta_5 Growth_{it} + \beta_6 Fcf_{it} + \beta_7 Change_{it} + \beta_8 Big4_{it} + \varepsilon_{it} \quad (5-2-3)$$

$$Efficiency_{it} = \beta_0 + \beta_1 IC_{it} + \beta_2 ACT_{it} + \beta_3 ACT \times IC_{it} + \beta_4 Insize_{it} + \beta_5 Growth_{it} + \beta_6 Fcf_{it} + \beta_7 Change_{it} + \beta_8 Big4_{it} + \varepsilon_{it} \quad (5-2-4)$$

三、实证分析

（一）描述性统计

表 5-2-2 为主要变量的描述性统计结果。从表中可以看出运营效率的最大值为 1.853、最小值为 1.050、均值为 1.394，不

同企业的运营效率之间存在着一定的差异,并且各企业的运营效率不高,企业在该方面还具有较大的增长空间。内部控制均值为0.784、标准差为0.411,不难看出,不同企业内部控制参差不齐,企业内部控制质量有待提高。企业对外交易占比最大值为0.992、最小值为0.000、均值为0.051,可见样本企业普遍存在一定比例的海外业务,且不同企业之间差异大。

表5-2-2　　　　　　描述性统计

变量	样本量	均值	标准差	min	max
Efficiency	4750	1.394	0.200	1.050	1.853
IC	4750	0.584	0.411	0.000	1.000
GD	4750	0.051	0.052	0.000	0.992
ACT	4750	0.576	0.176	0.058	0.990
lnSize	4750	21.502	1.036	19.528	24.946
Growth	4750	0.335	0.680	-0.570	4.159
Fcf	4750	0.631	0.483	0.000	1.000
Change	4750	0.481	0.638	0.000	1.000
Big4	4750	0.222	0.948	0.000	1.000

(二) 相关性检验

本节还对主要变量进行了Pearson相关性检验,如表5-2-3所示。相关性检验结果表明,各变量之间不存在严重的多重共线性问题,变量之间的相关系数均小于0.5。其中,内部控制与运营效率的相关系数为-0.2039,并在1%的水平下显著,即内部控制的质量越高,企业的运营效率越高,其结果与假设5-2-1基本一致。而地域多元化与流动资产比率的系数显著为负,表明在地域多元化程度高、流动资产比率高的企业中,企业运营效率提高的程度会被减弱。

表 5－2－3　　　　　变量 Pearson 相关系数矩阵

变量	Efficiency	IC	GD	ACT	lnSize	Growth	Fcf	Change
IC	-0.2039***							
GD	-0.2149***	0.0453***						
ACT	-0.1359***	0.0826***	0.0905***					
lnSize	0.3494***	0.2261***	-0.0330**	-0.2042***				
Growth	0.0077	0.0305**	-0.0115	0.0991***	-0.0145			
Fcf	-0.0416***	0.0349	0.0824***	-0.0431***	-0.0672***	-0.0682***		
Change	-0.0645***	0.0094	0.0055	0.0461***	-0.0583***	-0.0080	0.0005	
Big4	-0.2051***	0.1384***	0.0082	0.0733***	-0.4562***	0.0459***	-0.0093	0.0275*

注：***、**、* 分别表示在 1%、5%、10% 的水平下显著。

（三）回归结果

在模型（5－2－2）的回归结果中，内部控制缺陷的系数为 -0.0072，在 10% 的水平下与运营效率显著负相关，表明了良好的内部控制能够有效地提高企业运营效率，假设 5－2－1 得到了验证。同时，从回归结果中发现，控制变量中的企业成长性、企业自由现金流均与运营效率显著正相关，而企业规模与运营效率显著负相关，这表明成长性良好、自由现金流充足的企业往往运营效率较高，在规模较小的企业中，内部控制对运营效率的影响更加明显。

为了进一步验证假设 5－2－2 和假设 5－2－3，在模型（5－2－3）和模型（5－2－4）中加入了内部控制和地域多元化的交乘项与内部控制和流动资产比率的交乘项，结果显示，在模型（5－2－3）当中内部控制和地域多元化的回归系数为 -0.1630，且在 10% 的水平下显著，这表明当企业有更多的地理区段时，监控资源的盗用变得更加困难，加剧了内部控制缺陷对运营效率的不利影响，假设 5－2－2 得到了验证。在模型

(5-2-4)当中,内部控制和流动资产比率的回归系数为-0.0592,在1%的水平下显著,这意味着流动资产较多的企业,其与内部控制缺陷相关的运营效率低下更为明显,假设5-2-3得到了验证。总的来说,在管理者和其他员工有更多机会挪用公司资源的情况下,内部控制对公司运营效率的影响更大,即有效的内部控制通过减少盗用公司资源的可能性来提高运营效率(见表5-2-4)。

表 5-2-4　　内部控制与运营效率回归结果

变量	模型(1)	模型(2)	模型(3)
IC	-0.0072* (-1.697)	0.0113* (1.880)	0.0344*** (2.771)
GD		-0.0376 (-0.429)	
GD × IC		-0.1630* (-1.727)	
ACT			-0.1800*** (-7.530)
ACT × IC			-0.0592*** (-2.828)
lnSize	-0.0248*** (-6.723)	-0.0772*** (-17.367)	-0.0837*** (-19.208)
Growth	0.0097*** (3.764)	0.0142*** (5.582)	0.0119*** (4.798)
Fcf	0.0162*** (5.485)	0.0120*** (4.215)	0.0056** (1.984)
Change	-0.0013 (-0.450)	0.0010 (0.384)	0.0026 (1.001)
Big4	-0.0811*** (-5.150)	-0.0693 (-0.369)	-0.0091 (-0.495)

续表

变量	模型（1）	模型（2）	模型（3）
常数项	2.041 *** (16.357)	2.999 *** (31.140)	3.257 *** (33.867)
R^2-adj	0.1176	0.1205	0.1623

注：***、**、*分别表示在1%、5%、10%的水平下显著，括号内为回归系数的t值，下同。

（四）进一步研究

尽管上述实证研究结果表明，内部控制更有效的企业具有更高的运营效率，但是这种内部利益是如何转化为实际的经济后果目前还尚不清楚。因此，为了厘清内部控制与运营效率对经济后果的影响，本节在此还考察了内部控制的改善是否伴随着经营后续表现的改进，并按照 Barber 等（1996）的做法，以资产回报率（ROA）对其经济后果进行衡量。

在我国特殊的市场经济环境下，不同产权性质的企业的内部控制质量往往存在着一定的差异。随着近年来市场经济的不断发展、政策的倾斜和扶持，民营企业的数量和规模逐渐扩大，经济实力也迅速增强。国有企业普遍有政府资金的支持，相比之下，民营企业显得更加弱小、风险较高。因而，当民营企业在陷入财务危机和经营困境时，大多数情况下只能采取自救行动，风险意识强于国有企业。为了有效地防范风险，民营企业更加倾向于在事前建立良好的内部控制体系，严格地执行内部控制规范，定期对内部控制进行检查和改进，在企业内部营造了较为良好的控制环境，其内部控制质量往往高于国有企业。而国有企业以政府作为实际的控制人，在追求利润最大化的同时更多发挥着就业、税收等维护社会稳定的作用。这些政策性的负担会改变企业的经营发展方向，削弱企业的盈利能力，影响企业的实际运营效率，所以,有必要考虑不同企业性质下内部控制与运营效率对其经济后果的影响。因此,本节参照 Core et al.(1999)以及方红星等(2016)的做法,首先对内部控制与运营效率进行回归,得到各个变量的回归系数,然后用解释变量 IC 的回归系数[根据模型(5-2-2)回归得出,根据表 5-2-4 所示]乘以对应的 IC 值就可以计算出由内部控制决定的运营效率 IC_pred,并建立以下模型(5-2-5),进行进一步的研究:

$$ROA_{it} = \beta_0 + \beta_1 IC\_pred + \beta_2 Insize_{it} + \beta_3 Growth_{it} + \beta_4 Fcf_{it} + \beta_5 Change_{it} + \beta_6 Big4_{it} + \varepsilon_{it} \quad (5-2-5)$$

结果如表 5-2-5 所示,在全部样本和国有企业样本当中,内部控制决定的运营效率 IC_pred 回归系数均未通过显著性检验,而在民营企业中,内部控制决定的运营效率 IC_pred 回归系数为 18.8314 且在 5% 的水平下显著,表明在民营企业,内部控制决定的那部分运营效率与其资产收益率的相关关系更加突出,即民营企业的内部控制决定的那部分运营效率促进了企业资产收益率的提升。

表 5-2-5　　不同产权性质下,内部控制决定运营效率与 ROA 的回归结果

变量	全样本	国企	民企
IC_pred	23.1368 (0.980)	58.8805 (0.519)	18.8314** (2.129)
lnSize	-0.0637 (-0.680)	-0.2224 (-0.864)	-0.0307* (-1.808)
Growth	-0.0415** (-2.153)	-0.2607** (-2.471)	-0.0358** (-2.358)

续表

变量	全样本	国企	民企
Fcf	-0.1812** (-2.559)	-0.0707** (-2.222)	-0.0645*** (-2.750)
Change	-0.0435 (-0.305)	-0.0885 (-0.032)	-0.0405 (-0.358)
Big4	0.0176* (1.872)	0.2930** (2.328)	0.0045* (1.743)
常数项	1.923 (1.280)	5.533** (2.659)	1.117*** (3.505)
R^2-adj	0.1192	0.1382	0.1293

（五）稳健性检验

1. 替换解释变量。为了验证上述实证结果的稳健性，本节参照干胜道等（2014）的做法，采用迪博风险数据库中的"内部控制指数"并取对数，作为内部控制的替代变量，该指数来源于上市公司年报、内部控制自我评价报告等，能够有效地评价上市公司内部控制质量的高低。回归结果如表5-2-6所示，与上文基本一致。

表5-2-6　　　　　稳健型检验结果（1）

变量	模型（1）	模型（2）	模型（3）
IC	0.7930* (1.726)	-0.0005 (-0.080)	0.0282** (2.239)
GD		-0.0221*** (-2.434)	
GD × IC		-0.1860* (-1.892)	

续表

变量	模型（1）	模型（2）	模型（3）
ACT			-0.1610*** (-6.921)
ACT×IC			-0.0666*** (-3.133)
lnSize	-0.0300*** (-8.183)	-0.0289*** (-8.221)	-0.0418*** (-11.873)
Growth	0.0008*** (3.530)	0.0008*** (3.614)	0.0007*** (3.544)
Fcf	0.0146*** (4.391)	0.0167*** (5.573)	0.0095*** (3.275)
Change	-0.0015 (-0.525)	-0.0021 (-0.075)	0.0000 (-0.035)
Big4	-0.0661*** (-3.748)	-0.0868*** (-5.501)	-0.0821*** (-5.244)
常数项	2.023*** (13.796)	2.143*** (18.013)	2.500*** (20.046)
R^2-adj	0.1092	0.1206	0.1564

2. 取滞后一期被解释变量。当年的内部控制不会影响上年的运营效率，但是，上年的内部控制可能会对当年的运营效率产生影响。为避免运营效率反过来影响内部控制的可能性，本节选取运营效率滞后一期再次回归以消除反向因果关系。回归结果如表5-2-7所示，与上文基本一致。

表 5-2-7　　　　　稳健型检验结果（2）

变量	模型（1）	模型（2）	模型（3）
IC	-0.0092* (-1.732)	-0.0016* (-1.718)	0.0128 (0.822)
GD		-0.0277 (-0.251)	
GD×IC		-0.204* (-1.688)	
ACT			-0.0680** (-2.412)
ACT×IC			-0.0428* (-1.799)
lnSize	0.0089** (2.241)	0.0116*** (2.933)	0.0057 (1.424)
Growth	-0.0007*** (-3.051)	-0.0007*** (-2.982)	-0.0007*** (-3.163)
Fcf	-0.0292*** (-8.694)	-0.0281*** (-8.211)	-0.0317*** (-9.395)
Change	-0.0006 (-0.191)	-0.0008 (-0.242)	0.0003 (0.103)
Big4	-0.0661*** (-3.748)	-0.0683*** (-3.909)	-0.0683*** (-3.884)
常数项	1.334*** (10.134)	1.282*** (10.005)	1.444*** (10.797)
R^2-adj	0.1877	0.2093	0.1887

四、小结

本节以 2012—2016 年 A 股上市公司为研究对象，对内部控制和运营效率之间的关系进行实证检验发现：（1）内部控制缺陷与企业运营效率之间具有显著的负相关关系，内部控制缺陷会降低企业的运营效率；（2）在流动资产较多和地域性较强的企业当中，内部控制缺陷与运营效率之间的负相关关系更为显著；（3）在民营企业，内部控制决定的运营效率对其资产收益率的相关关系更加显著，即民营企业的内部控制决定的那部分运营效率促进了企业资产收益率的提升。基于本节的研究结论，本节提出以下建议：

首先，我国企业应该积极完善内部控制体系，建立健全内部治理机制，权衡各利益相关者之间的权力，防范因管理层舞弊等内控失效情形而对企业运营效率的影响。

其次，尤其是在流动资产较多和地域多样性较强的企业当中，规范职业经理人的筛选、内部控制的定期与不定期检查机制，重点防范企业管理层对资源的盗用。

最后，针对国有企业，在提升企业的内部控制质量的基础之上加强对业绩的考核，促进内部控制与运营效率的经济后果转化，提升国有企业的收益水平。

第三节 内部控制与盈余管理波动性

盈余管理是衡量一个企业会计信息质量的关键指标之一。在当前所有权与经营权相分离的现代企业制度下，会计信息作为管理层和投资者进行沟通的重要媒介，也是业绩评价和薪酬激励的基础。一般来说，企业短期的经营活动现金流能够在一定的程度上反映出企业的财务状况和经营成果，但盈余管理能够弥补经营活动现金流信息量有限的缺点，作为另一种方式，向投资者传递企业的真实状况。但是，由于所有权和经营权的分离，企业普遍存在代理问题，管理层有动机利用企业的资源来为个人谋取私利，而盈余管理则通常作为管理层实现代理行为的重要手段。除此之外，我国政府监管和法律监督当前正处于逐步建设和完善当中，市场相对于发达国家还有一定的差距，控股股东和大股东侵蚀中小股东的现象频频发生，而盈余管理便是其重要的手段之一。在我国资本市场中，较高程度的盈余管理很大程度上降低了会计信息的质量（杨德明、胡婷，2010），较大的盈余管理波动性则说明了企业在根据不同的实际情况做出大量的盈余管理操纵行为，这些都不利于投资者对于上市公司做出准确的判断，因此，研究盈余管理及其盈余管理波动性的影响因素在我国资本市场具有十分重要的现实意义。

近年来，内部控制作为公司治理过程中非常重要的一环，受到了越来越多投资者和企业管理者的重视，学术界也对内部控制进行了较为深入的研究。Kim et al.（2011）发现，银行在对企业提供贷款时会对企业各方面进行考察，当一个企业内部控制质量不高或存在缺陷时，银行会索取高昂的利息并在贷款合同中加入一系列的限制性条款，这在一定程度上能够对公司的治理起到监督作用，并提高会计信息的质量。张然（2012）的研究表明，相对于披露企业财务报表，披露内部控制自我评价报告的成本相对较低，而如果进一步披露内控鉴证报告的成本则更低。但是，这是否意味着在我国相对不发达的市场中，内部控制同样会影响企业的盈余管理操纵行为，并在一定程度上改变报表的会计信息质量呢？当前，国内学术界对这一方面的研究结论尚未达成一致意见。张国清（2008）以非金融 A 股公司为对象，探讨了内部控制与盈余质量之间的关联性，研究结果表明，高质量的内部控制并未伴随高质量的盈余，内部控制质量得到改善并没有伴随盈余质量的提升。刘启亮等（2013）采用盈余管理和财务重述衡量会计信息质量，研究发现公司的内部控制质量与会计信息质量正相关。可以看出，当前大多数研究仅仅考虑了应计盈余管理与真实盈余管理的一种，并未全面地考虑内部控制对盈余管理各方面的影响，且得出的结论也存在一定的差异。因此，内部控制会对盈余管理产生怎样的影响呢？这种影响在一段时间内会有怎样的变化呢？这些都有待进一步的研究。

综上所述，现有文献鲜有综合内部控制对应计盈余管理和真实盈余管理的影响，同时，考察内部控制对盈余管理波动性的文献更是少之又少。而在经济环境日益复杂的今天，研究内部控制和盈余管理及其盈余管理波动性的关系，对丰富内部控制经济后果相关文献，并促进企业健康良好发展具有重要的经济意义。本节主要研究内部控制与企业盈余管理及其盈余管理波动性之间的关系，进而在此基础之上对产权性质、企业规模不同的企业区分研究，拟从内部治理的角度出发，研究内部控制对盈余管理相关方面的影响，丰富内部控制经济后果的研究；并检验内部控制对企业盈余管理波动性的影响，在一定时间范围内观察内部控制对企业盈余管理的持续影响。

一、理论分析与研究假设

建立在历史成本和应计制度基础上的财务会计是企业管理和公司治理的重要机制，现代企业的典型特征就是所有权和经营权的分离，作为实际经营企业的职业经理人，有动机利用企业资源违背股东的利益来谋取个人的私利，也就是说会有代理问题的存在，而通过盈余管理来影响会计信息质量是代理问题的具体实现途径之一（陈汉文、程智荣，2015）。同时，我国的资本市场具有新兴加转轨的特征，控股股东普遍存在，法律和监管措施逐步完善，控股股东有动机侵占中小股东的利益来谋取私人收益，操纵会计政策选择进行盈余管理也是控股股东频繁采用的重要手段（窦欢、陆正飞，2017），如果上市公司的内部控制存在缺陷，其盈余管理的程度也可能会更高。方红星等（2011）的研究发现，内部控制体现在生产经营的各个方面，高质量的内部控制通过优化企业行为不仅能够抑制应计盈余管理水平，还能有效地降低真实盈余管理。

盈余管理波动性是反映企业会计信息质量不能忽视的重要变量，如果仅以企业盈余管理水平作为评判企业会计信息有效性的标准，结果可能会有所偏离（孙健等，2016）。企业盈余管理的波动性不仅受到经济周期等宏观经济的影响，也受到企业经营政策及公司治理模式的影响（高雷等，2009）。控股股东或大股东的掏空动机会损坏中小股东的利益，长期操纵盈余管理，增加盈余管理的波动性（卢闯等，2011）。而作为企业内部风险管理的有效机制，内部控制能在一定程度上能够约束大股东的机会主义行为，提高企业信息披露的真实完整性，从而降低企业盈余管理的波动性，起到稳定公司业绩的治理功效（Chen et al.，2011）。

因此，内部控制能够有效规范企业行为并抑制企业盈余管理行为，还能减小盈余管理的波动性，本节由此提出假设 5-3-1：内部控制会对企业盈余管理程度产生显著的负向影响；假设 5-3-2：内部控制会在一定程度上减小企业盈余管理的波动性。

在我国特殊的市场经济环境下，不同产权性质的企业的内部控制质量往往存在着一定的差异（刘启亮等，2012）。随着近年来市场经济的不断发展、政策的倾斜和扶持，民营企业的数量和规模逐渐扩大，经济实力迅速增强。国有企业的背后普遍存在着政府的支持，相比之下民营企业处境更加艰难。为了有效地防范风险，民营企业更加倾向于在事前建立良好的内部控制体系，严格地执行内部控制规范，定期对内部控制进行检查和改进，在企业内部营造了较为良好的控制环境，其内部控制质量往往高于国有企业，企业对盈余管理的操纵幅度较低，盈余管理波动性可能较小。而国有企业以政府作为实际的控制人，政府的隐性担保可能会使投资者忽视对上市公司信息质量的必要关注，存在诱发道德风险的可能（方红星等，2013）。程小可等（2013）的研究还发现，不同产权性质、规模各异的公司，其内部控制会对真实活动盈余管理行为产生不同的影响；进一步地，通过考察发现，在民营企业内部自愿披露内部控制鉴定报告公司的应计盈余管理程度更低。这在一定程度上说明了民营企业的内部控制质量普遍高于国有企业，其盈余管理程度和盈余管理波动性也往往较低，因此，本节提出了假设5-3-3：在民营企业中，内部控制对企业盈余管理的波动性的抑制作用更加显著。

二、研究设计

（一）数据来源

本节选取我国A股上市公司作为研究样本，以2012—2016年为研究的时间窗口，并对初始数据作了如下处理：（1）剔除ST、*ST的上市公司；（2）剔除金融保险类上市公司；（3）剔除相关数据缺失的样本；（4）剔除相关数据异常的样本。在对上述数据进行缩尾处理之后，最终得到7755个样本观测值。本节中的财务数据来自 CSMAR 和 WIND 数据库,内部控制指数来自迪博风险管理数据库,其中,部分数据通过手工收集、计算得到,数据统计及处理软件 Stata14.0。

(二) 变量的选取与界定

1. 应计盈余管理变量。

(1) 应计盈余管理 (DA)。在我国资本市场上,使用分行业估计的琼斯模型并经过一定的调整之后能够较为准确地揭示上市公司的盈余管理水平(夏立军,2003),因此,本节利用模型 (5-3-1) 分行业、分年度回归来对应计盈余管理进行衡量:

$$\frac{NDA_t}{ASSET_{t-1}} = a_1 \left(\frac{1}{ASSET_{t-1}} \right) + a_2 \left(\frac{\Delta REV_t - \Delta REC_t}{ASSET_{t-1}} \right) + a_3 \left(\frac{PPE_t}{ASSET_{t-1}} \right) + \varepsilon_t \quad (5-3-1)$$

其中,NDA_t 为第一年非操纵性应计利润,$ASSET_{t-1}$ 为 $t-1$ 年期末总资产,ΔREV_t 表示 t 年营业收入与 $t-1$ 年营业收入之差,ΔREC_t 表示第 t 年末应收账款与 $t-1$ 年末应收账款之差,PPE_t 表示第 t 年期末固定资产。企业实际应计利润与期望应计利润之差为应计项目盈余管理的程度和方向。

(2) 息税前应计盈余管理 (DA_EBIT)。为了更加全面地反映出企业的应计盈余管理的程度,本节还引入了息税前应计盈余管理变量,计算方式同模型 (5-3-1),只是将其中的第一年非操纵性应计利润 NDA_t 替换为第一年非操纵性息税前盈利利润 NDA_EBIT_t。

2. 真实盈余管理变量。Roychowdhury (2006) 提出了三个真实盈余管理的衡量模型,分别是操纵性经营现金流量、操纵性生产成本和操纵性酌量费用。该方法为当前学术界较为主流的方法,因此,本节利用上述方法计算得出真实盈余管理总额 (Co-

hen et al.,2008),衡量企业的真实盈余管理程度。

(1)操纵性经营现金流量(R_CFO)。

$$\frac{CFO_t}{ASSET_{t-1}} = a_1\left(\frac{1}{ASSET_{t-1}}\right) + a_2\left(\frac{REV_t}{ASSET_{t-1}}\right) + a_3\left(\frac{\Delta REV_t}{ASSET_{t-1}}\right) + \varepsilon_t$$
(5-3-2)

CFO_t表示实际经营活动的现金净流量,REV_t表示第 t 年的营业收入,ΔREV_t表示 t 年营业收入与 t-1 年营业收入之差,对样本企业分行业、分年度回归之后,经营活动现金流的实际值与期望值之差即为操纵性经营现金流量。

(2)操纵性生产成本(R_PROD)。

$$\frac{PROD_t}{ASSET_{t-1}} = a_1\left(\frac{1}{ASSET_{t-1}}\right) + a_2\left(\frac{REV_t}{ASSET_{t-1}}\right) + a_3\left(\frac{\Delta REV_t}{ASSET_{t-1}}\right) + a_4\left(\frac{\Delta REV_{t-1}}{ASSET_{t-1}}\right) + \varepsilon_t \quad (5-3-3)$$

$PROD_t$表示第 t 年的实际生产成本,即当期存货变动额与当期营业成本之和,ΔREV_{t-1}表示第 t-1 年营业收入与第 t-2 年营业收入之差,同样地,用实际生产成本与其期望值之差衡量企业操纵性生产成本。

(3)操纵性酌量费用(R_DISX)。

$$\frac{DISX_t}{ASSET_{t-1}} = a_1\left(\frac{1}{ASSET_{t-1}}\right) + a_2\left(\frac{REV_{t-1}}{ASSET_{t-1}}\right) + \varepsilon_t \quad (5-3-4)$$

$DISX_t$表示第 t 年的酌量性费用,其值等于销售费用与管理费用之和,最后用实际费用减去其期望值得到操纵性酌量费用。

(4)真实盈余管理总额。

$$RM_t = R\_PROD_t - R\_CFO_t - R\_DISX_t \quad (5-3-5)$$

为了更加全面地衡量企业真实盈余管理的水平,本节还参照 Cohen et al.(2008)的方法,计算了上述综合指标对真实盈余管理总的水平进行衡量。

3. 盈余管理波动性变量。盈余管理波动性代表一段时间内企业盈余管理的波动程度，参考 Adam et al. （2005）、Cheng（2008）和李琳等（2009）的研究方法，以具体企业为研究对象计算盈余管理的波动性，将企业在不同年度内的盈余指标求最近三年的标准差，来反映企业在年度区间内的盈余管理波动水平，每个企业形成的标准差观测值作为盈余管理波动性的代表变量。

4. 产权性质变量。不同产权性质的企业往往对内部控制质量的要求有所不同，特别是在我国特殊的市场经济环境下，对企业产权性质的考虑更是必不可少的。因此，本节引入产权性质的虚拟变量，当企业产权性质为国有企业，虚拟变量 State 的值为 1，否则，虚拟变量 State 的值为 0。

5. 内部控制。为了较为全面、可靠地衡量企业内部控制质量，本节参照干胜道等（2014）的做法，采用迪博风险数据库中的"内部控制指数"作为内部控制的替代变量，该指数来源于上市公司年报、内部控制自我评价报告等，能够有效地评价上市公司内部控制质量的高低。

6. 审计师变量。审计师的选择能够影响企业内部控制信息披露的质量，而利益相关者会据此作出相关决策，因此，本节还控制了审计师的变更（Change）和审计师是否来自"四大"会计师事务所（Big4）。

7. 企业特征变量。Doyle et al. （2007）研究表明，企业规模大小、盈利能力等因素会影响企业盈余管理的程度，从而影响盈余管理的波动性，基于以上原因，本节同样将企业资产收益率（ROA）、企业成长性（Growth）、资产负债率（Lev）、规模对数（Size）、资产周转率（Turn）作为控制变量。

此外，本节考虑了行业（Indusury）与年份（Year）的固定效应，具体变量定义如表5-3-1所示：

表5-3-1　　　　　　　　变量定义表

变量名称	变量符号	变量定义
应计盈余管理	DA	用操纵性应计利润衡量应计项目盈余管理程度
息税前应计盈余管理	DA_EBIT	用操纵性息税前应计利润衡量应计项目盈余管理程度
操纵性经营现金流量	R_CFO	用操纵性经营现金流量衡量经营现金流量操纵盈余管理程度
操纵性生产成本	R_PROD	用操纵性生产成本衡量生产成本操纵盈余管理程度
操纵性酌量费用	R_DISX	用酌量性费用衡量酌量性费用操纵盈余管理程度
真实盈余管理总额	RM	用RM衡量总的真实活动盈余管理程度
应计盈余管理波动性	DAV	每个五年中样本公司DA的标准差
息税前应计盈余管理波动性	DAV_EBIT	每个五年中样本公司DA_EBIT的标准差
操纵性经营现金流量波动性	R_CFOV	每个五年中样本公司R_CFO的标准差
操纵性生产成本波动性	R_PRODV	每个五年中样本公司R_PROD的标准差
操纵性酌量性费用波动性	R_DISXV	每个五年中样本公司R_DISX的标准差
真实盈余管理总额波动性	RM_V	每个五年中样本公司RM的标准差
内部控制	IC	迪博内部控制指数的自然对数

续表

变量名称	变量符号	变量定义
产权性质	State	虚拟变量，当企业产权性质为国有企业，State = 1，否则，State = 0
审计师特征	Big4	虚拟变量，当年审计企业的为"四大"会计师事务所，Big4 = 1，否则，Big4 = 0
审计师变更	Change	虚拟变量；若当年企业更换审计师，Change = 1，否则，Change = 0
盈利能力	Roa	资产收益率
成长性	Growth	主营业务收入增长率
资产负债率	Lev	期末总负债/期末总资产
企业规模	Size	期末总资产的自然对数
资产周转率	Turn	销售收入/平均总资产

（三）模型构建

为了检验上文中的假设 5-3-1 和假设 5-3-2，本节分别构建了模型（5-3-6）和模型（5-3-7）来分别验证内部控制对企业盈余管理程度和盈余管理波动性的影响，在此基础之上，引入企业产权性质的哑变量，并将产权性质与内部控制的交乘项加入其中，构建模型（5-3-3），对产权性质的调节作用进行检验：

$$ABSDR_t = \alpha_1 + \alpha_2 IC_t + \alpha_3 Big4_t + \alpha_4 Change_t + \alpha_5 ROA_t + \alpha_6 Growth_t + \alpha_7 Lev_t + \alpha_8 Size_t + \alpha_9 Turn_t + \varepsilon_t$$

$$(5-3-6)$$

$$ABSDRV_t = \alpha_1 + \alpha_2 IC_t + \alpha_3 Big4_t + \alpha_4 Change_t + \alpha_5 ROA_t + \alpha_6 Growth_t + \alpha_7 Lev_t + \alpha_8 Size_t + \alpha_9 Turn_t + \varepsilon_t$$

$$(5-3-7)$$

第五章 公司治理——基于内部控制视角

$$ABSDRV_t = \alpha_1 + \alpha_2 IC_t + \alpha_3 State_t + \alpha_4 IC \times State_t + \alpha_5 Big4_t +$$
$$Change_t + \alpha_7 ROA_t + \alpha_8 Growth_t + \alpha_9 Lev_t +$$
$$\alpha_{10} Size_t + \alpha_{11} Turn_t + \varepsilon_t \quad (5-3-8)$$

其中,$ABSDR_t$代表应计和真实盈余管理的相关变量,而$ABSDRV_t$代表其盈余管理波动性的相关变量。

三、实证分析

(一) 描述性统计

表5-3-2为主要变量的描述性统计结果。从表5-3-2可以看出,应计盈余管理程度和真实盈余管理程度最大值、最小值以及均值均存在显著的差异,这为本节的假说"良好的内部控制能够抑制企业的盈余管理活动"提供了初步的证据。同样,盈余管理波动性相关变量也呈现出相似的特征,本节另一个假设也得到了初步的验证。不仅盈余管理及其波动性变量的差异较大,表5-3-2中其他财务变量的变异程度也较大,因此,为了控制极端值对本节结果产生的影响,本节在后文的回归分析中都在1%的水平上进行了缩尾处理。

表5-3-2　　　　　　　描述性统计

变量	样本量	最大值	最小值	均值	标准差
DA	7755	1.7076	-12.0719	-2.0015	2.0652
DA_EBIT	7755	0.2709	-0.6599	-0.0172	0.1104
R_CFO	7755	0.7165	-1.1203	-0.1129	0.2597
R_PROD	7755	1.4200	-3.2565	-0.5697	0.6199
R_DISX	7755	0.4350	-0.0931	0.0532	0.0837
RM	7755	13.7385	-47.2943	-0.6646	6.2260
DAV	7755	17.9879	0.0440	1.0069	2.2195

续表

变量	样本量	最大值	最小值	均值	标准差
DAV_EBIT	7755	1.1676	0.0034	0.0829	0.1544
R_CFOV	7755	0.8963	0.0045	0.0839	0.1186
R_PRODV	7755	1.4200	-3.2565	-0.5697	0.6198
R_DISXV	7755	2.1141	0.0009	0.5533	6.7188
RM1_V	7755	4.6338	0.0107	0.2866	0.5836
IC	7755	6.7328	5.8269	6.4828	0.1255

（二）相关性检验

本节还对主要变量进行了 Pearson 相关性检验。相关性检验结果表明，各变量之间不存在严重的多重共线性问题，变量之间的相关系数均小于 0.5。其中，内部控制与盈余管理程度和盈余管理波动性相关系数均为负，并在 1% 的水平下显著，即内部控制与盈余管理及其波动性之间存在着显著的负相关关系，结果与假设基本一致。

（三）回归结果

如表 5-3-3 所示，在模型（5-3-1）的回归结果中，内部控制的系数绝大多数都是在 1% 和 5% 的水平下与盈余管理显著负相关，表明了良好的内部控制质量能够有效地抑制企业的应计与真实盈余管理的水平，假设 5-3-1 得到了验证。同时，从回归结果中发现，控制变量中的注册会计师变更、资产负债率、企业成长性以及是否为"四大"会计师事务所审计均与盈余管理水平显著负相关，这表明了注册会计师变更、成长性强、具有适当的资产负债率并由"四大"会计师事务所审计的上市公司往往盈余管理的水平较低。

表 5-3-3　　内部控制与盈余管理的回归结果

	DA	DA_EBIT	R_CFO	R_PROD	R_DISX	RM
IC	-0.5950***	-0.0951***	-0.0331**	-0.0800**	-0.0053*	-0.1053**
	(-3.36)	(-7.34)	(-2.41)	(-2.01)	(-1.63)	(-2.21)
Big4	-0.6123***	-0.0054	-0.1038***	-0.2362***	-0.0136*	-0.1787***
	(-3.95)	(-0.89)	(-9.25)	(-5.29)	(-1.88)	(-3.51)
Change	-0.0698**	-0.0060***	-0.0009	-0.0170**	-0.0023**	-0.0160
	(-2.26)	(-2.68)	(-0.37)	(-2.50)	(-2.42)	(-1.45)
Roa	8.9549***	0.0089	0.6025***	2.3760***	0.1957***	1.1105***
	(10.56)	(0.19)	(9.65)	(13.46)	(6,79)	(4.30)
Growth	-0.1273***	-0.1040***	-0.0014	-0.0192***	-0.0054***	-0.0440***
	(-3.99)	(-3.73)	(-0.57)	(-2.75)	(-5.38)	(-5.52)
Lev	-0.6826***	-0.0047	-0.0278	-0.2238***	-0.0215**	-0.0849
	(-2.85)	(-0.41)	(-1.38)	(-4.04)	(-2.44)	(-1.28)
Size	0.6840***	0.1110***	0.9079***	0.2224***	0.0164***	0.6670***
	(13.31)	(5.61)	(23.36)	(16.70)	(7.32)	(4.32)
Turn	-1.0858***	-0.0871***	-0.4111***	-0.8930***	-0.0535***	-0.2999***
	(-8.49)	(-12.87)	(-51.19)	(-31.09)	(-8.26)	(-6.69)
Constant	-12.2276***	0.4379***	1.9433**	5.4679***	-0.3513***	-0.7067***
	(-8.00)	(4.80)	(15.19)	(12.27)	(-5.67)	(-8.00)
Industry	控制	控制	控制	控制	控制	控制
Year	控制	控制	控制	控制	控制	控制
R^2-adj	0.2843	0.1880	0.2635	0.2385	0.2901	0.2996

如表 5-3-4 所示，在模型（5-3-2）的回归结果中，内部控制的相关系数均在 5% 的水平下与盈余管理波动性显著负相关，表明良好的内部控制质量能够有效地减小企业的应计盈余管理与真实盈余管理波动的幅度，假设 5-3-2 得到了验证。

表 5-3-4　内部控制与盈余管理波动性的回归结果

	DAV	DAV_EBIT	R_CFOV	R_PRODV	R_DISXV	RMV
IC	-1.0308** (-2.12)	-0.1127** (-2.21)	-0.0315* (-1.79)	-0.2293** (-2.34)	-0.0214** (-1.99)	-0.2321** (-2.01)
Big4	-0.1804 (-0.13)	-0.0603 (-0.46)	-0.0180 (-0.19)	-0.0151 (-0.03)	-0.0349 (0.58)	-0.0807 (-0.14)
Change	-0.3351 (-1.02)	-0.0005 (-0.01)	-0.0075 (-0.55)	-0.0640 (-0.63)	-0.0017 (-0.37)	-0.0694 (-0.78)
Roa	2.8592*** (5.25)	0.0227 (0.68)	0.0401* (1.86)	0.0903 (0.47)	0.0180 (0.74)	0.1766 (0.73)
Growth	-0.0590** (-2.00)	-0.0093*** (-3.80)	-0.0022*** (-3.10)	-0.0177*** (-3.73)	-0.0006*** (-4.72)	-0.0146*** (-3.59)
Lev	-1.2680 (-1.41)	-0.1711* (-1.85)	-0.0074 (-0.12)	-0.1867 (-0.61)	-0.0091 (-0.32)	-0.1522 (-0.52)
Size	0.5082* (1.75)	0.0566** (2.82)	0.0613*** (2.81)	0.3259*** (3.24)	0.0369*** (4.09)	0.3460*** (3.51)
Turn	-2.1069*** (-3.12)	-0.2511*** (-3.81)	-0.2134*** (-3.20)	-1.0704*** (-3.53)	-0.0612*** (-2.96)	-0.9587*** (-3.37)
Constant	-18.9864* (-1.80)	-2.1203** (-1.97)	1.6592*** (2.67)	-9.3621*** (-2.85)	-1.1038*** (-4.09)	-9.7646*** (-3.18)
Industry	控制	控制	控制	控制	控制	控制
Year	控制	控制	控制	控制	控制	控制
R^2-adj	0.1863	0.2588	0.1715	0.2385	0.1868	0.1912

为了进一步验证假设 5-3-3，在模型（5-2-2）中加入了产权性质和内部控制与产权性质的交乘项，结果如表 5-3-5 所示，内部控制的回归系数均为负，且在 5% 的水平下显著，即内部控制与盈余管理波动性存在显著的负相关关系。同样，交乘

项的回归系数也在 10% 的水平下显著为负,说明了企业产权性质会减弱内部控制与盈余管理波动性之间的相关关系,即在民营企业当中,内部控制对盈余管理波动性的抑制作用更为明显,假设 5-3-3 得到了验证。

表 5-3-5　不同产权性质下内部控制与盈余管理波动性的回归结果

	DAV	DAV_EBIT	R_CFOV	R_PRODV	R_DISXV	RMV
IC	-0.6692** (-2.35)	-0.1910** (-2.00)	-0.6767** (-1.99)	-0.4726* (-1.84)	-0.0177** (-2.10)	-0.4383* (-1.69)
State	-1.9228 (-0.77)	-1.1551 (-0.68)	-1.0139 (-0.75)	-1.2511 (-0.42)	-1.0648 (-1.03)	-1.1110 (-0.21)
State×IC	-0.0015* (-1.79)	-0.0036* (-1.65)	-0.0002** (-1.98)	-0.0011* (-1.98)	-0.0001** (-1.99)	-0.0010* (-1.95)
Big4	-0.1121 (-0.08)	-0.0475 (-0.36)	-0.0099 (-0.10)	-0.0651 (-0.11)	-0.0387 (0.64)	-0.1295 (-0.22)
Change	-0.3303 (-1.00)	-0.0005 (-0.01)	-0.0070 (-0.51)	-0.0610 (-0.59)	-0.0014 (-0.30)	-0.0663 (-0.74)
Roa	2.5152*** (5.64)	0.0142 (0.43)	0.0457** (2.11)	0.0555 (0.32)	0.0154 (0.67)	0.1422 (0.64)
Growth	-0.0589** (-2.00)	-0.0093*** (-3.79)	-0.0022*** (-3.09)	-0.0177*** (-3.72)	-0.0006*** (-4.69)	-0.0146*** (-3.59)
Lev	-1.4902 (-1.60)	-0.1861* (-1.92)	-0.0218 (-0.34)	-0.2712 (-0.84)	-0.0004 (-0.42)	-0.2400 (-0.78)
Size	0.5849** (2.03)	0.0661** (2.41)	0.0691** (2.93)	0.3715*** (3.26)	0.0404*** (4.15)	0.3917*** (3.54)
Turn	-2.1172*** (-3.14)	-0.2540*** (-3.77)	-0.2151** (-3.22)	-1.0811*** (-3.53)	-0.0613*** (-2.92)	-0.9688*** (-3.38)

续表

	DAV	DAV_EBIT	R_CFOV	R_PRODV	R_DISXV	RMV
Constant	-17.8716* (-1.68)	-2.7970** (-1.89)	2.0161** (2.51)	-11.7010*** (-12.59)	-1.0279*** (-3.72)	-11.5819*** (-2.87)
Industry	控制	控制	控制	控制	控制	控制
Year	控制	控制	控制	控制	控制	控制
R^2-adj	0.1862	0.2591	0.1733	0.2160	0.1771	0.1915

（四）进一步分析

钱明等（2016）的研究表明，在我国不同规模的企业内部控制质量往往存在着较大的差异，由此导致内部控制对盈余管理波动性的影响可能也存在不同。在规模较大的企业中，其内部控制机制健全，建立了科学合理的内部控制体系，对整个公司的风险和违规操作等方面具有较强的控制力。因此，企业规模不同的上市公司的内部控制对企业盈余管理波动性的抑制作用可能存在着一定的差异。因此，参照前文中的方法，本节先对企业按照规模的四分位数进行分组，并设置哑变量，上四分位数值为1，下四分位数值为0，最后建立如下模型：

$$ABSDRV_t = \alpha_1 + \alpha_2 IC_t + \alpha_3 Sizedummy_t + \alpha_4 IC \times Sizedummy_t +$$
$$Big4_t + Change_t + \alpha_7 ROA_t + \alpha_8 Growth_t +$$
$$\alpha_9 Lev_t + \alpha_{10} Turn_t + \varepsilon_t \quad (5-3-9)$$

从表5-3-6可以看出，企业规模与内部控制交乘项的系数均在5%与10%的水平下显著为正，且内部控制的相关系数显著为负，这说明在我国上市公司中，内部控制与盈余管理波动性存在着一定的差异，规模较小的企业往往并不重视对内部控制体系的建立与完善，内部控制质量普遍较低，因而，规模较大的企业能够促进内部控制与企业的盈余管理波动性的负相关关系。

表 5-3-6　不同企业规模下内部控制与盈余管理波动性的回归结果

	DAV	DAV_EBIT	R_CFOV	R_PRODV	R_DISXV	RMV
IC	-0.5642* (-1.79)	-0.1250* (-1.88)	-0.0678** (-2.05)	-0.7000** (-2.00)	-0.0666** (-2.04)	-0.1471* (-1.82)
Sizedummy	2.3469 (1.41)	2.5417 (1.32)	2.1854 (0.25)	1.7089 (0.37)	0.6085 (1.43)	0.3939* (1.75)
Sizedummy × IC	0.5309* (1.93)	0.4046* (1.74)	0.0464** (2.40)	0.3229** (2.45)	0.0928** (2.99)	1.0491 (1.78)
Big4	-0.4652 (-0.63)	-0.0077 (-0.10)	-0.0028 (-0.11)	-0.1444 (-0.74)	-0.0285* (-1.79)	-0.3633 (-0.61)
Change	-0.4388** (-2.04)	-0.0282 (-1.35)	-0.0077 (-0.71)	-0.0754 (-1.17)	-0.0059 (-1.16)	-0.070 (-0.78)
Roa	0.1213*** (14.48)	0.1301*** (3.13)	0.1929*** (3.47)	0.3230 (0.59)	0.1054 (1.43)	0.2462*** (0.83)
Growth	-0.1922*** (-3.08)	-0.0230*** (-4.08)	-0.1922** (-2.59)	-0.0750*** (-3.97)	-0.0053** (-2.53)	-0.0148*** (-3.65)
Lev	-0.7364 (-0.96)	-0.0584 (-0.76)	-0.1681*** (-3.97)	-0.1424 (-0.56)	-0.0270 (-1.23)	-0.5656 (-1.46)
Turn	-1.6899*** (-2.68)	-0.2413*** (-3.19)	-0.4745*** (-14.33)	-1.1786*** (-5.45)	-0.0417*** (-2.68)	-0.9522*** (-3.38)
Constant	1.3552 (0.26)	0.9678 (1.55)	0.7508* (1.84)	4.8132** (2.15)	-0.4394** (-2.12)	-1.6685 (1.30)
Industry	控制	控制	控制	控制	控制	控制
Year	控制	控制	控制	控制	控制	控制
R^2-adj	0.5035	0.6481	0.6290	0.6581	0.5638	0.5715

(五) 稳健性检验

1. 改进现金流盈余管理波动性指标。Tsung et al. (2017) 的研究指出，企业对销售的操纵和过度生产都会对 R_CFO 产生一定的负面影响，而企业自主支出的减少则对 R_CFO 有正面影响。因此，RM 对 R_CFO 的影响是不明确的。因此，本节建立以下模型对现金流盈余管理指标进行改进。

$$R\_FOC_t = \alpha_0 + \alpha_1 R\_PROD_t + \alpha_2 R\_DISX_t + \varepsilon_t \quad (5-3-10)$$

其中，R_CFOC 是每个行业每年给出的方程（5-3-4）的估计残差，而 R_CFOCV 和 R_CFOCV3 分别为 R_CFOC 前四年与前三年的标准差，表示改进后现金流盈余管理波动性。回归结果如表 5-3-7 所示，并未发生较大变化，结果较为稳健。

表 5-3-7 改进现金流盈余管理波动性与内部控制的相关关系

变量	R_CFOC	R_CFOCV	R_CFOCV3
IC	0.0478 ** (2.17)	0.0247 * (1.85)	0.0289 ** (2.34)
AQ	-0.0362 * (-1.79)	-0.0315 * (-1.72)	-0.0487 * (-1.89)
Lnamt	-0.2893 (-0.19)	-0.3894 (-0.18)	-0.0695 (-0.42)
term	-0.0372 (-0.35)	-0.0797 (-0.12)	-0.0495 (-0.67)
Coupnrate	0.0363 * (1.86)	0.0512 * (1.91)	0.0332 * (1.79)
yrptm	-0.0694 *** (-3.88)	-0.0604 *** (-3.55)	-0.0345 *** (-3.34)
RAT	-0.8695 (-0.33)	-0.4356 (-0.31)	-0.6754 (-0.22)

续表

变量	R_CFOC	R_CFOCV	R_CFOCV3
roa	0.0222**	0.0377***	0.0364***
	(2.67)	(2.88)	(2.81)
lev	-0.6568***	-0.4346***	-0.8566***
	(-3.02)	(-3.56)	(-3.38)
growth	1.5675***	1.5969***	1.4574***
	(2.94)	(2.87)	(2.45)
turn	-0.0134*	-0.0086**	-0.0532*
	(-1.85)	(-1.99)	(1.71)
Constant	-0.4656	0.6341***	0.3463*
	(-0.75)	(5.66)	(1.64)
Industry	控制	控制	控制
Year	控制	控制	控制
R^2-adj	0.1778	0.1758	0.4858

2. 超前—滞后期（Lead-Lag Approach）检验。由于本节研究的是内部控制与盈余管理波动性的影响，而内部控制与盈余管理波动性之间可能存在着内生性问题，因此，本节在主要的回归分析中对解释变量内部控制进行了滞后一期处理，这种超前—滞后期（Lead-Lag Approach）的方式能够在一定程度上缓解内生性的问题。检验结果如表5-3-8所示，主要结论并未发生改变，表明本节的研究未受到内生性的严重影响，研究结论较为稳健。

表5-3-8　滞后一期内部控制与盈余管理波动性的回归结果

	DAV	DAV_EBIT	R_CFOV	R_PRODV	R_DISXV	RMV
IC_{t-1}	-0.7439*	-0.7934*	-0.2895**	-0.3497**	-0.8304**	-0.8304*
	(-1.91)	(-1.78)	(-2.56)	(-2.11)	(-1.99)	(-1.79)

续表

	DAV	DAV_EBIT	R_CFOV	R_PRODV	R_DISXV	RMV
Big4	2.3805 (1.43)	2.8065 (1.35)	2.7396 (1.23)	1.3896 (1.22)	1.5840 (1.46)	2.6850 (1.55)
Change	-0.8403 (-1.04)	-0.4839 (-1.25)	-0.0289 (-0.24)	-0.0834 (-0.17)	-0.0034 (-1.45)	-0.2355 (-1.56)
Roa	0.8484*** (4.48)	0.3804*** (3.45)	0.5045*** (3.47)	0.2804*** (3.59)	0.8405*** (4.12)	0.6850*** (3.83)
Growth	-0.7439*** (-3.65)	-0.4744*** (-4.11)	-0.9758** (-3.59)	-0.0973*** (-3.76)	-0.0078** (-2.42)	-0.5245*** (-3.75)
Lev	-0.7349 (-0.78)	-0.4953 (-0.34)	-0.3049 (-0.87)	-0.8450 (-0.54)	-0.9284 (-1.02)	-0.2379 (-1.16)
Turn	-1.7239*** (-2.99)	-0.9374*** (-3.01)	-0.8365*** (-4.33)	-1.1024*** (-4.45)	-1.4017*** (-3.76)	-0.9232*** (-4.01)
Constant	1.8430 (0.97)	1.0458 (1.12)	1.8054 (1.54)	0.8845 (1.15)	0.9334 (1.22)	1.9348 (1.30)
Industry	控制	控制	控制	控制	控制	控制
Year	控制	控制	控制	控制	控制	控制
R^2-adj	0.4438	0.3985	0.4738	0.4281	0.4191	0.3575

四、小结

本节以 2012—2016 年 A 股上市公司作为研究对象，对内部控制和盈余管理及盈余管理波动性之间的关系进行实证检验发现：（1）内部控制缺陷与企业盈余管理之间具有显著的负相关关系，内部控制会降低企业的盈余管理程度；（2）更进一步的研究表明，内部控制还能在一定程度上降低企业的盈余管理波动性；（3）在民营企业和规模较大的企业中，内部控制与盈余管理波动性的相关关系更加显著,即民营企业和规模较大这两个因素促进了内部控制和盈余管理波动性之间的相关关系。基于本节的研究结论,本节提出以下建议:

首先,我国企业应该积极完善内部控制体系,建立健全内部治理机制,权衡各利益相关者之间的权力,防范管理层舞弊等内控失效情形对盈余管理及盈余管理波动性产生不利影响。

其次,在提升国有企业的内部控制质量的基础之上加强对企业信息披露质量的考核,促使企业减少盈余管理水平,真实披露财务报表,提升国有企业的信息质量水平。

最后,尤其是在规模较大的企业当中,规范职业经理人的筛选、内部控制的定期与不定期检查机制,重点防范企业管理层对资源的盗用,维护中小股东的利益,增加披露会计信息的可信度。

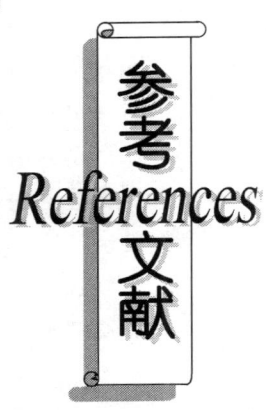

蔡宏标，饶品贵，2015．机构投资者、税收征管与企业避税[J]．会计研究（10）：59-65，97．

曾令涛，汪超，2015．地方财政刺激会影响企业的资本结构吗？——基于A股上市公司的实证研究[J]．中央财经大学学报（12）：9-21．

曾颖，陆正飞，2006．信息披露质量与股权融资成本[J]．经济研究（2）：69-79．

柴斌锋，2011．中国民营上市公司R&D投资与资本结构、规模之间关系的实证研究[J]．科学学与科学技术管理（1）：40-47．

陈北国，杨孝安，2015．企业避税活动对投资效率影响的实证分析[J]．财会月刊（12）：38-40．

陈汉文，程智荣，2015．内部控制、股权成本与企业生命周期[J]，厦门大学学报（哲学社会科学版）（2）：41-49．

陈峻，王雄元，彭旋，2015．环境不确定性、客户集中度与权益资本成本［J］．会计研究（11）：76－82．

陈骏，徐玉德，2011．产品市场竞争、竞争态势与上市公司盈余管理［J］．财政研究（4）：58－61．

陈昆玉，2010．创新型企业的创新活动、股权结构与经营业绩——来自中国A股市场的经验证据［J］．产业经济研究（4）：49－57．

陈晓，方保荣，2001．对增值税转型的几点逆向思考［J］．税务研究（5）：26－30．

陈作华，2015．内部控制与内部控制人违规交易行为［J］．财经理论与实践（5）：76－82．

陈作华，方红星，2018．融资约束、内部控制与企业避税［J］．管理科学（3）：125－139．

程小可，郑立东，姚立杰，2013．内部控制能否抑制真实活动盈余管理？——兼与应计盈余管理之比较［J］．中国软科学（3）：120－131．

戴晨，刘怡，2008．税收优惠与财政补贴对企业R&D影响的比较分析［J］．经济科学（3）：58－71．

戴小勇，成力为，2014．财政补贴政策对企业技术创新投入的门槛效应［J］．科研管理（6）：68－76．

党政军，2012．中国上市公司治理对创新投入的影响路径分析——基于不同控股形式的视角［J］．中国商贸（23）：42－44．

邓建平，曾勇，2011．金融生态环境、银行关联与债务融资——基于我国民营企业的实证研究［J］．会计研究（12）：33－40．

窦欢，陆正飞，2017．大股东代理问题与上市公司的盈余持

续性 [J]. 会计研究 (5): 32 – 39.

范子英, 田彬彬, 2013. 税收竞争、税收执法与企业避税 [J]. 经济研究 (9): 99 – 111.

方红星, 金玉娜, 2011. 高质量内部控制能抑制盈余管理吗？——基于自愿性内部控制鉴证报告的经验研究 [J]. 会计研究 (8): 53 – 60.

方红星, 施继坤, 张广宝, 2013. 产权性质、信息质量与公司债定价——来自中国资本市场的经验证据 [J]. 金融研究 (4): 170 – 182.

冯根福, 温军, 2008. 中国上市公司治理与企业技术创新关系的实证分析 [J]. 中国工业经济 (7): 91 – 101.

冯延超, 2012. 中国民营企业政治关联与税收负担关系的研究 [J]. 管理评论 (6): 167 – 176.

干胜道, 胡明霞, 2014. 管理层权力、内部控制与过度投资——基于国有上市公司的证据 [J]. 审计与经济研究 (5): 40 – 47.

高蓓, 2010. 我国高新技术企业股权结构与 R&D 投入的相关性研究 [D]. 西安: 西安科技大学.

高帆, 汪亚楠, 方晏荷, 2014. 慈善捐赠: 企业增加融资的有效渠道——基于中国私营企业调查数据的实证研究 [J]. 学术研究 (10): 70 – 76.

高雷, 张杰, 2009. 公司治理、资金占用与盈余管理 [J]. 金融研究 (5): 124 – 141.

郭杰, 李涛, 2009. 中国地方政府间税收竞争研究——基于中国省级面板数据的经验证据 [J]. 管理世界 (11): 54 – 64.

洪锡熙, 沈艺峰, 2000. 我国上市公司资本结构影响因素的实证分析 [J]. 厦门大学学报 (哲学社会科学版) (3):

114-120.

黄静，俞钰凡，林青蓝，2012．企业家代言人的慈善行为对消费者的作用机制研究 [J]．中国工业经济（2）：119-127．

黄蓉，易阳，宋顺林，2013．税率差异、关联交易与企业价值 [J]．会计研究（8）：47-53，97．

黄再胜，2016．高管同酬、激励效率与公司绩效 [J]．财经研究（5）：88-98．

计小雪，林冬冬，2014．董事会激励性特征对 R&D 投资的影响——基于民营上市公司的实证研究 [J]．中国管理信息化（24）：2-3．

贾兴平，刘益，2014．外部环境、内部资源与企业社会责任 [J]．南开管理评论（6）：13-18．

江静，2011．公共政策对企业创新支持的绩效——基于直接补贴与税收优惠的比较分析 [J]．科研管理（4）：1-8．

江伟，黎文靖，2009．董事会独立性、管理者过度自信与资本结构决策 [J]．山西财经大学学报（9）：64-70．

江伟，彭晨，胡玉明，2016．高管薪酬信息披露能提高薪酬契约的有效性吗？[J]．经济管理（2）：114-126．

江希和，王水娟，2015．企业研发投资税收优惠政策效应研究 [J]．科研管理（6）：46-52．

孔东民，李天赏，2014．政府补贴是否提升了公司绩效与社会责任？[J]．证券市场导报（6）：26-31．

黎文靖，2012．所有权类型、政治寻租与公司社会责任报告：一个分析性框架 [J]．会计研究（1）：81-88．

李海海，邓柏冰，2014．货币政策对上市公司资本结构的影响——基于行业的比较研究 [J]．中央财经大学学报（11）：39-45．

李江涛,何苦,2012.上市公司以真实盈余管理逃避高质量审计监督的动机研究[J].审计研究(5):58-67.

李莉,闫斌,顾春霞,2014.知识产权保护、信息不对称与高科技企业资本结构[J].管理世界(11):1-9.

李琳,刘凤委,卢文彬,2009.基于公司业绩波动性的股权制衡治理效应研究[J].管理世界(5):145-151.

李平,王春晖,2010.政府科技资助对企业技术创新的非线性研究——基于中国2001—2008年省级面板数据的门槛回归分析[J].中国软科学(8):138-147.

李善同,侯永志,刘云中,等,2004.中国国内地方保护问题的调查与分析[J].经济研究(11):78-84.

李万福,陈晖丽,2012.内部控制与公司实际税负[J].金融研究(9):195-206.

李维安,王鹏程,徐业坤,2015.慈善捐赠、政治关联与债务融资——民营企业与政府的资源交换行为[J].南开管理评论(1):4-14.

李阳,2010.产品市场的竞争性与企业资本结构选择[J].财贸研究(3):128-130.

李增福,沈振武,林可全,2015.企业劳动力需求与资本结构的倒U型关系[J].上海金融(3):26-31.

李增福,汤旭东,连玉君,2016.中国民营企业社会责任背离之谜[J].管理世界(9):136-148.

李正,2006.企业社会责任与企业价值的相关性研究——来自沪市上市公司的经验证据[J].中国工业经济(2):77-83.

连玉君,钟经樊,2007.中国上市公司资本结构动态调整机制研究[J].南方经济(1):23-38.

梁建,陈爽英,盖庆恩,2010.民营企业的政治参与、治理

结构与慈善捐赠 [J]. 管理世界 (7): 109 - 118.

梁权熙, 田存志, 詹学斯, 2012. 宏观经济不确定性、融资约束与企业现金持有行为——来自中国上市公司的经验证据 [J]. 南方经济 (4): 3 - 16.

廖义刚, 2015. 环境不确定性, 内部控制质量与权益资本成本 [J]. 审计与经济研究 (3): 69 - 78.

廖义刚, 2015. 环境不确定性、多元化经营与权益资本成本 [J]. 财经理论与实践 (1): 78 - 83.

林润辉, 谢宗晓, 刘孟佳, 等, 2015. 大股东资金占用与企业绩效——内部控制的"消化"作用 [J]. 经济与管理研究 (8): 96 - 106.

刘斌, 黄永红, 2002. 中国上市公司可持续增长的实证分析 [J]. 重庆大学学报: 自然科学版 (9): 150 - 154.

刘行, 吕长江, 2018. 企业避税的战略效应——基于避税对企业产品市场绩效的影响研究 [J]. 金融研究 (7): 158 - 173.

刘行, 叶康涛, 2013. 企业的避税活动会影响投资效率吗? [J]. 会计研究 (6): 47 - 53, 96.

刘慧龙, 吴联生, 2014. 制度环境、所有权性质与企业实际税率 [J]. 管理世界 (4): 42 - 52.

刘启亮, 罗乐, 何威风, 等, 2012. 产权性质、制度环境与内部控制 [J]. 会计研究 (3): 52 - 61.

刘启亮, 罗乐, 张雅曼, 等, 2013. 高管集权、内部控制与会计信息质量 [J]. 南开管理评论 (1): 15 - 23.

刘胜强, 刘星, 2010. 股权结构对企业 R&D 投资的影响——来自制造业上市公司 2002 ~ 2008 年的经验证据 [J]. 软科学 (7): 32 - 36.

刘树海, 2019. 货币政策冲击、存货持有行为与企业避税强度——基于融资约束视角的经验证据［J］.税务研究（1）：86-93.

刘伟,刘星,2007.高管持股对企业R&D支出的影响研究——来自2002—2004年A股上市公司的经验证据［J］.科学学与科学技术管理（10）：172-175.

刘伟,刘星,2007.公司治理机制对信息技术投入的影响研究［J］.科技进步与对策（2）：93-95.

刘想,刘银国,2014.社会责任信息披露与企业价值关系研究——基于公司治理视角的考察［J］.经济学动态（11）：89-97.

刘小元,蒋荃,2012.创业企业董事会特征对企业研发投入影响的研究——来自创业板企业的证据［J］.农村金融研究（9）：42-48.

刘英男,赵洋,2019.企业避税、货币政策与经营业绩［J］.商业经济（4）：116-117.

刘运国,2009.中小企业板上市公司管理层股权激励与公司业绩相关性研究［D］.苏州：苏州大学.

刘钊,2014.产权性质、CEO背景特征与资本结构［J］.现代管理科学（2）：81-82.

卢闯,刘俊勇,孙健,等,2011.控股股东掏空动机与多元化的盈余波动效应［J］.南开管理评论（5）：68-73.

罗富碧,冉茂盛,杜家廷,2008.高管人员股权激励与投资决策关系的实证研究［J］.会计研究（8）：69-76.

罗明琦,宋常,2014.投资效率、代理成本与企业绩效——基于中国上市公司的经验证据［J］.云南财经大学学报（5）：134-140.

吕伟,李明辉,2012.高管激励、监管风险与公司税负——

基于制造业上市公司的实证研究［J］．山西财经大学学报（5）：71－78．

牛建波，赵静，2012．信息成本、环境不确定性与独立董事溢价［J］．南开管理评论（2）：70－80．

彭若弘，于文超，2018．环境不确定性、代理成本与投资效率［J］．投资研究（10）：41－52．

钱明，徐光华，沈弋，2016．社会责任信息披露、会计稳健性与融资约束——基于产权异质性的视角［J］．会计研究（5）：9－17．

钱先航，曹廷求，李维安，2011．晋升压力、官员任期与城市商业银行的贷款行为［J］．经济研究（12）：72－85．

权小锋，吴世农，尹洪英，2015．企业社会责任与股价崩盘风险："价值利器"或"自利工具"？［J］．经济研究（11）：49－64．

任啸，曹洪，2007．不确定需求下企业资本结构的选择［J］．华中科技大学学报（社会科学版）（1）：29－32．

邵诚，王胜光，2010．我国软件企业税收优惠与研发投入关系的结构方程模型分析［J］．工业技术经济（1）：64－69．

申慧慧，2010．环境不确定性对盈余管理的影响［J］．审计研究（1）：89－96．

盛明泉，张敏，马黎珺，等，2012．国有产权、预算软约束与资本结构动态调整［J］．管理世界（3）：151－157．

宋林，王建玲，姚树洁，2012．上市公司年报中社会责任信息披露的影响因素——基于合法性视角的研究［J］．经济管理（2）：40－49．

苏坤，2015．管理层股权激励、风险承担与资本配置效率［J］．管理科学（3）：14－25．

孙健，王百强，曹丰，等，2016．公司战略影响盈余管理吗？[J]．管理世界（3）：160－169．

孙早，宋炜，2012．企业 R&D 投入对产业创新绩效的影响——来自中国制造业的经验证据 [J]．数量经济技术经济研究（4）：49－63，122．

唐顾洋，2010．我国上市公司股权结构与研发投入的关系研究 [D]．成都：西南财经大学．

唐国平，李龙会，吴德军，2013．环境管制、行业属性与企业环保投资 [J]．会计研究（6）：83－96．

唐国正，刘力，2005．利率管制对我国上市公司资本结构的影响 [J]．管理世界（1）：50－58．

童锦治，黄克珑，林迪珊，2016．税收征管、纳税遵从与企业经营效率——来自我国上市公司的经验证据 [J]．当代财经（3）：24－32．

汪建成，毛蕴诗，2006．中国上市公司扩展的业务、地域多元化战略研究 [J]．管理世界（2）：152－153．

汪猛，徐经长，2016．企业避税、通货膨胀预期与经营业绩 [J]．会计研究（5）：40－47，95．

王海兵，韩彬，2016．社会责任、内部控制与企业可持续发展——基于 A 股主板上市公司的经验分析 [J]．北京工商大学学报（社会科学版）（1）：75－84．

王化成，高升好，张伟华，2013．行为金融与资本结构动态调整：基于损失规避视角的探讨 [J]．财贸经济（10）：49－58．

王会娟，张然，2012．私募股权投资与被投资企业高管薪酬契约——基于公司治理视角的研究 [J]．管理世界（9）：156－167．

王俊，2011．政府 R&D 资助与企业 R&D 投入的产出效率比较［J］．数量经济技术经济研究（6）：93-106．

王鹏，2008．投资者保护、代理成本与公司绩效［J］．经济研究（2）：68-82．

王山慧，王宗军，田原，2013．管理者过度自信与企业技术创新投入关系研究［J］．科研管理（5）：1-9．

吴联生，2009．国有股权、税收优惠与公司税负［J］．经济研究（10）：109-120．

吴秋生，郝诗萱，2013．论领导者权力对内部控制有效性的影响［J］．审计与经济研究（5）：32-39．

吴秀波，2003．税收激励对R&D投资的影响：实证分析与政策工具选拔［J］．研究与发展管理（1）：36-41．

吴祖光，万迪昉，吴卫华，2013．税收对企业研发投入的影响：挤出效应与避税激励——来自中国创业板上市公司的经验证据［J］．研究与发展管理（5）：1-11．

夏立军，2003．盈余管理计量模型在我国股票市场的应用研究［J］．会计研究（2）：94-122．

肖娜，2012．公司治理结构与研发投入的关系研究［D］．上海：上海外国语大学．

肖作平，2004．上市公司资本结构选择模式及实证研究［J］．证券市场导报（9）：25-30．

肖作平，2009．制度因素对资本结构选择的影响分析——来自中国上市公司的经验证据［J］．证券市场导报（12）：40-47．

肖作平，2012．委托代理关系、投资者法律保护与公司价值［J］．证券市场导报（12）：25-34．

肖作平，吴世农，2002．我国上市公司资本结构影响因素实证研究［J］．证券市场导报（8）：39-44．

谢志华，2009．内部控制：本质与结构［J］．会计研究

(12): 70-75.

辛清泉,林斌,王彦超,2007. 政府控制、经理薪酬与资本投资[J]. 经济研究(8): 110-122.

邢立全,陈汉文,2013. 产品市场竞争、竞争地位与审计收费——基于代理成本与经营风险的双重考量[J]. 审计研究(3): 50-58.

熊维勤,2011. 税收和补贴政策对R&D效率和规模的影响——理论与实证研究[J]. 科学学研究(5): 698-706.

徐虹,林钟高,陈洁,等,2017. 现金持有水平、内部控制与企业并购决策[J]. 经济与管理研究(4): 133-144.

徐宁,徐向艺,2012. 监事股权激励、合谋倾向与公司治理约束——基于中国上市公司面板数据的实证研究[J]. 经济管理(1): 41-49.

徐伟民,2009. 科技政策与高新技术企业的R&D投入决策——来自上海的微观实证分析[J]. 上海经济研究(5): 55-64.

徐向艺,王俊韡,巩震,2007. 高管人员报酬激励与公司治理绩效研究——项基于深、沪A股上市公司的实证分析[J]. 中国工业经济(2): 94-100.

许江波,贺小丹,2016. 未能发现还是动机选择?——内部控制缺陷披露困境的成因[J]. 经济与管理研究(3): 123-130.

许治,黄攀,陈朝月,2019. 不同代际科技企业孵化器孵化绩效差异比较——基于广东省的实证研究[J]. 管理评论(5): 100-108.

闫永海,孔玉生,2010. 总经理过度自信对资本结构影响的实证分析[J]. 预测(4): 58-63.

杨德明,胡婷,2010. 内部控制、盈余管理与审计意见[J]. 审计研究(5): 90-97.

杨建君, 盛锁, 2007. 股权结构对企业技术创新投入影响的实证研究 [J]. 科学学研究 (4): 787-792.

杨晔, 王鹏, 李怡虹, 等, 2015. 财政补贴对企业技术创新投入和绩效的影响研究——来自中国创业板上市公司的经验证据 [J]. 财经论丛 (1): 24-31.

杨智, 邓炼金, 方二, 2010. 市场导向、战略柔性与企业绩效: 环境不确定性的调节效应 [J]. 中国软科学 (9): 130-139.

姚贝贝, 林爱梅, 2018. 股权结构、代理成本与企业绩效 [J]. 财会通讯 (27): 56-59.

姚立杰, 付方佳, 程小可, 2018. 企业避税、债务融资能力和债务成本 [J]. 中国软科学 (10): 117-135.

叶康涛, 刘行, 2014. 公司避税活动与内部代理成本 [J]. 金融研究 (9): 158-176.

叶康涛, 陆正飞, 2004. 中国上市公司股权融资成本影响因素分析 [J]. 管理世界 (5): 127-131.

于东智, 2003. 董事会、公司治理与绩效——对中国上市公司的经验分析 [J]. 中国社会科学 (3): 29-41, 205-206.

詹雷, 王瑶, 2013. 管理层激励、过度投资与企业价值 [J]. 南开管理评论 (3): 36-46.

张纯, 吕伟, 2011. 市场竞争、产权安排与企业实际所得税负研究 [J]. 税务研究 (5): 46-49.

张国清, 2008. 内部控制与盈余管理——基于2007年A股公司的经验证据 [J]. 经济管理 (23): 112-119.

张洪辉, 2014. 财政补贴的行业特征: 来自上市公司的经验证据 [J]. 中央财经大学学报 (10): 3-9.

张会丽, 吴有红, 2014. 内部控制、现金持有及经济后果 [J]. 会计研究 (3): 71-78.

张继德，2013. 企业内部控制有效性影响因素的实证研究 [J]. 管理世界（8）：179－180.

张娟，黄志忠，2014. 盈余管理异质性、公司治理和高管薪酬——基于中国上市公司的实证研究 [J]. 经济管理（9）：79－90.

张俊丽，金浩，李国栋，2015. 企业技术创新的公司治理驱动因素研究 [J]. 现代管理科学（10）：106－108.

张玲，朱婷婷，2015. 税收征管、企业避税与企业投资效率 [J]. 审计与经济研究（2）：83－92.

张然，王会娟，许超，2012. 披露内部控制自我评价与鉴证报告会降低资本成本吗？[J]. 审计研究（2）：96－102.

张瑞君，李小荣，许年行，2013. 货币薪酬能激励高管承担风险吗？[J]. 经济理论与经济管理（8）：84－100.

张顺葆，2015. 行业特征、企业间信任与资本结构选择 [J]. 山西财经大学学报（3）：48－59.

张铁铸，2014. 管理层权力、能力与在职消费研究 [J]. 南开管理评论（10）：63－72.

张志宏，2003. 现代企业资本结构研究 [M]. 北京：中国财政经济出版社.

张子峰，2010. 公司治理对企业 R&D 投入的影响研究 [D]. 天津：南开大学.

张宗益，张湄，2007. 关于高新技术企业公司治理与 R&D 投资行为的实证研究 [J]. 科学学与科学技术管理（5）：23－26，116.

章添香，张春海，2015. 我国银行业公司治理、经营效率与企业内部控制 [J]. 经济管理（12）：39－48.

章细贞，2010. 外部环境、资产专用性与资本结构决策——

基于联立方程系统的实证分析 [J]. 财贸研究 (1)：139-147.

赵息，许宁宁，2012. 管理层权力、机会主义动机与内部控制缺陷信息披露 [J]. 审计研究 (4)：101-109.

赵旭峰，温军，2011. 董事会治理与企业技术创新：理论与实证 [J]. 当代经济科学 (3)：110-116，128.

周雪敏，2009. 产品市场竞争与资本结构：基于中国上市公司的证据 [J]. 中央财经大学学报 (2)：37-41.

朱海珅，闫贤贤，2010. 董事会治理结构对企业内部控制影响的实证研究——来自中国上市公司的数据 [J]. 经济与管理 (1)：55-59.

朱云欢，张明喜，2010. 我国财政补贴对企业研发影响的经验分析 [J]. 经济经纬 (5)：77-81.

邹萍，2018. "言行一致"还是"投桃报李"？——企业社会责任信息披露与实际税负 [J]. 经济管理，2018 (3)：159-177.

ADAMS B, ALMEIDA H, FERREIRA D, 2005. Powerful CEOs and their impact on corporate performance [J]. Review of financial studies (4)：1403-1432.

AGHION P, HARRIS C, HAWITT P, 2001. Competition imitation and growth with step-by-step innovation [J]. Review of economic studies (2)：467-469.

BALKIN B, MARKMAN D, GOMEZ-MEJIA R, 2000. Is Ceo pay in high-technology firms related to innovation? [J]. Academy of management journal (6)：1118-1129.

BARBER M, LYON D, 1996. Detecting abnormal operating performance: The empirical power and specification of test statistics [J]. Journal of financial and economics (33)：359-399.

BAYSINGER D, KOSNIK D, TURK A, 1991. Effects of board

and ownership structure on corporate R&D strategy [J]. Academy of management journal (1): 205 - 214.

BINELLI C, MAFFIOLI A, 2007. A micro - econometric analysis of public support to private R&D in Argentina [J]. International review of applied economics (3): 339 - 359.

BLOOM N, GRIFFITH R, REENEN V, 2002. Do R&D tax credits work? Evidence from a panel of countries 1979 - 1997 [J]. Journal of public economics (1): 1 - 31.

BODNAR M, TANG C, WEINTROP J, 1999. Both sides of corporate diversification: the value impacts of geographic and industrial diversification [J]. The accounting review (33): 605 - 703.

BOONE L, FIELD C, KARPOFF M, et al., 2007. The determinants of corporate board size and composition: An empirical analysis [J]. Social science electronic publishing (1): 66 - 101.

BROWN P, BEEKES W, VERHOEVEN P, 2011. Corporate governance, accounting and finance: a review [J]. Accounting and finance (1): 96 - 172.

BUSHMAN M, PIOTROSKI J D, SMITH J, 2004. What determines corporate transparency? [J]. Journal of accounting research (22): 207 - 252.

CAMPBELL D, MOORE G, METZGER M, 2002. Corporate philanthropy in the U. k. 1985 - 2000 some empirical findings [J]. Journal of business ethics (1 - 2): 29 - 41.

CAPRIO L, FACCIO M, MCCONNELL, et al., 2013. Sheltering corporate assets from political extraction [J]. Journal of law, economics, and organization (22): 332 - 354.

CARBONI OLIVIERO A, 2011. R&D subsidies and private

R&D expenditures: evidence from Italian manufacturing data [J]. International review of applied economics (4): 419 – 439.

CASSAR G, GIBSON B, 2008. Budgets, internal reports and manager forecast accuracy [J]. Contemporary accounting research (3): 707 – 737.

CHEN J, EZZAMEL M, CAI Z, 2011. Managerial power theory, tournament theory and executive pay in China [J]. Journal of corporate finance (4): 1176 – 1199.

CHEN K P, 2005. Internal control versus external manipulation: A model of corporate income tax evasion [J]. The rand journal of economics (1): 151 – 164.

CHEN S P, CHEN X, CHENG Q, et al., 2010. Are family firms more tax aggressive than non – family firms? [J]. Journal of financial economics (1): 41 – 61

CHENG S, 2008. Board size and the variability of corporate performance [J]. Journal of financial economics (1): 157 – 176.

CHENG M, DHALIWAL D, ZHANG Y, 2013. Does investment efficiency improve after the disclosure of material weaknesses in internal control over financial reporting? [J]. Journal of accounting and economics (11): 11 – 18.

CHOUAIBI J, AFFES H, BOUJELBENE Y, 2010. Characteristics of the board of directors and involvement in innovation activities: a cognitive perspective [J]. International journal of managerial & financial accounting (3): 240 – 255.

COHEN DANIEL A, DEY A, LYS Z. Real and accrual – based earnings management in the pre – and post – Sarbanes Oxley periods [J]. The accounting review (3): 757 – 787.

DAVID A, HALL H, TOOLE A, 2000. Is public R&D a complement or substitute for private R&D? A review of the econometric evidence [J]. General information (99): 497 – 529.

DAVILA A, FOSTER G, 2005. Management accounting systems adoption decisions: Evidence and performance implications from early – stage/startup companies [J]. The accounting review (4): 1039 – 1068.

DEMERJIAN P, LEV B, MCVAY S, 2012. Quantifying managerial ability: a new measure and validation tests [J]. Managerial science (7): 1229 – 1428.

DHARMAPALA D, DESAI A, 2006. Corporate tax avoidance and high – powered incentives [J]. Journal of financial economics (1): 145 – 179.

DESAI MIHIR A, DYCK A, ZINGALES L, 2007. Theft and taxes [J]. Journal of financial economics (3): 591 – 623.

DETOMASI A, 2008. The political roots of corporate social responsibility [J]. Journal of business ethics (4): 807 – 819.

DOYLE J, GE W, MCVAY S, 2007. Determinants of weaknesses in internal control over financial reporting [J]. Journal of accounting and economics (1): 193 – 223.

DYRENG D, HANLON M, MAYDEW L, 2008. Long – run corporate tax avoidance [J]. Accounting review (1): 61 – 82.

DYRENG D, HANLON M, MAYDEW L, 2010. The effects of executives on corporate tax avoidance [J]. Accounting review (4): 1163 – 1189.

FAN JOSEPH P H, WONG T J, ZHANG T Y, 2013. Institutions and organizational structure: The case of state – owned corporate pyramids [J]. Journal of law economics & organization (6): 1217 - 1252.

FENG M, LI C, MCVAY E, 2009. Internal control and management guidance [J]. Journal of accounting and economics (22): 190 - 209.

FRANCIS B, HASAN I, WU Q, 2013. The compact of CFO gender on bank loan contracting [J]. Journal of auditing & finance (1): 53 - 78.

FRANCIS J, SMITH A, 2004. Agency costs and innovation some empirical evidence [J]. Journal of accounting & economics (2 - 3): 383 - 409.

GHOSH D, OLSEN L, 2009. Environmental uncertainty and managers' use of discretionary accruals [J]. Accounting, organizations and society (2): 188 - 205.

GÖRG H, STROBL E, 2005. The effect of R&D subsidies on private R&D [J]. Economica (294): 215 - 234.

GOVINDARAJAN V, 1984. Appropriateness of accounting data in performance evaluation: An empirical examination of environmental uncertainty as an intervening variable [J]. Accounting, organizations and society (2): 125 - 135.

GUELLEC D, 2000. The impact of public R&D expenditure on business R&D [J]. Economics of innovation & new technology (3): 225 - 243.

HANLON M, SLEMROD J, 2009. What does tax aggressiveness signal? Evidence from stock price reactions to news about tax shelter involvement [J]. Journal of public economics (1 - 2): 136 - 141.

HARRIS M, RAVIV A, 1991. The theory of capital structure [J]. Journal of finance (1): 297 - 355.

HOI CHUN K, WU Q, ZHANG H, 2013. Is corporate social responsibility (CSR) associated with tax avoidance? Evidence from irresponsible CSR activities [J]. Accounting review (6): 2025 - 2059.

JENSEN C, 1993. The modern industry revolution, exit, and the failure of internal control systems [J]. Journal of finance (3): 832 - 880.

JENSEN C, MECKLING H, 1976. Theory of the firm: managerial behavior, agency costs and ownership structure [J]. Social science electronic publishing (4): 305 - 360.

JOHNSTONE K, CHAN L, RUPLEY H, 2011. Changes in corporate governance associated with the revolution of internal control material weaknesses and their subsequent remediation [J]. Contemporary accounting research (1): 331 - 383.

KALE R, SHAHRUR K, 2007. Corporate capital structure and the characteristics of suppliers and customers [J]. Journal of financial economics (2): 321 - 365.

KIM J B, LI Y H, ZHANG L D, 2011. Corporate tax avoidance and stock price crash risk: Firm - level analysis [J]. Journal of financial economics (3): 639 - 662.

KIM J, SONG B, ZHANG L, 2011. Internal control weakness and bank loan contracting: evidence from SOX section 404 disclosures [J]. The accounting review (4): 1157 - 1188.

KLASSEN K, LANG M, WOLFSON M, 1993. Geographic income shifting by multinational corporations in response to tax rate changes [J]. Journal of accounting research (supplement): 141 - 173.

KRUEGER ANNE O, 1974. The political economy of the rent - seeking society [J]. American economic review (3): 291 - 303.

LACH S, 2002. Do R&D subsidies stimulate or displace private R&D? Evidence from Israel [J]. Journal of industrial economics (4): 369 - 390.

LAMBERT R, LEUZ C, VERRECCHIA E, 2007. Accounting information, disclosure, and the cost of capital [J]. Journal of accounting research (22): 385 - 420.

LEE C Y, 2011. The differential effects of public R&D support on firm R&D: theory and evidence from multi - country data [J]. Technovation (5 - 6): 256 - 269.

LEITER M, PAROLINI A, WINNER H, 2011. Environmental regulation and investment: Evidence from European industry data [J]. Ecological economics (4): 759 - 770.

LI H, Zhou L A, 2006. Political turnover and economic performance: the incentive role of personnel control in China [J]. Journal of public economics (9): 1743 - 1762.

LIU F C, SIMON DENIS F, SUN Y T, et al., 2011. China's innovation policies: evolution, institutional structure, and trajectory [J]. Research policy (7): 917 - 931.

MICHAELS, A, 2003. Costs rise as U. S businesses act to meet governance laws [J]. Financial times (13): 32 - 80.

MYERS C, RAJAN G, 1998. The paradox of liquidity [J]. The quarterly journal of economic (33): 733 - 771.

NADIRI M I, MAMUNEAS P, 1994. Infrastructure and public R&D investments, and the growth of factor productivity in US manufacturing industries [R]. NBER working papers (2): 237-260.

ORSATO J, 2006. Competitive environmental strategies: when does it pay to be green? [J]. California management review (2): 127-143.

Ortiz-Molina H, 2007. Executive compensation and capital structure: The effects of convertible debt and straight debt on CEO pay [J]. Journal of accounting & economics (1): 69-93.

PORTER E, KRAMER R, 2002. The competitive advantage of corporate philanthropy [J]. Harvard business review (12): 56.

ROBINSON R, SIKES A, WEAVER D, 2010. Performance measurement of corporate tax departments [J]. Accounting review (3): 1035-1064.

ROMANO R, 2005. The Sarbanes-Oxley Act and the making of quack corporate governance [J]. The Yale law journal (77): 1521-1661.

ROMER M, 1989. Endogenous technological change [J]. Journal of political economy (3): 71-102.

ROYCHOWDHURY S, 2006. Earnings management through real activities manipulation [J]. Journal of accounting and economics (3): 335-370.

SCHADEWALD S, 2005. Deducting related-party interest and intangible expenses [J]. The tax advisor (5): 286-295.

SCOTT T, 1984. Firm versus industry variability in R&D intensity [J]. NBER chapters: 233-248.

STIGLITZ E, WEISS A, 1981. Credit rationing in markets with imperfect information [J]. American economic review (71): 393-410.

SU J, HE J, 2010. Does giving lead to getting? Evidence from Chinese private enterprises [J]. Journal of business ethics (93): 73-90.

TALBERG M, WINGE C, FRYDENBERG S, et al, 2008. Capital structure across industries [J]. International journal of the economics of business (2): 181-200.

TOSI H, ALDAG R, STOREY R, 1973. On the measurement of the environment: An assessment of the Lawrence and Lorsch environmental uncertainty subscale [J]. Administrative science quarterly (1): 27-36.

YANG C H, TSENG Y H, CHEN C P, 2012. Environmental regulations, induced R&D, and productivity: Evidence from Taiwan manufacturing industries [J]. Resource and energy economics (4): 514-532.

ZAHRA A, NEUBAUM O, HUSE M, 2000. Entrepreneurship in medium-size companies: exploring the effects of ownership and governance systems [J]. Journal of management (5): 947-976.

人到中年略显淡定，但在拙作即将付梓之际，还是难免心潮澎湃，思绪万千！

回首往事，我有幸得到了诸多老师、同学、朋友的教导、关心与支持，这是我一生的财富！谨向诸位老师、同学和朋友，表达我最诚挚的谢意和最美好的祝愿！

首先，感谢我的恩师陈毓圭教授。恩师屈尊作为我的国家哲学社会科学基金项目组的成员。我的论文和专著不管是选题、构思、技术路线，还是发表、出版，都得到恩师的精心指导与大力支持。自从拜师先生，我深切体会到：先生为人坦荡豁达，至诚至善；对学术执着如山，硕果累累；对学生关怀备至，爱生如子。先生之风，山高水长！有师如此，幸甚至哉！我将铭记并践行先生的教诲：老实做人，扎实做事，诚信待人。

感谢郭道扬教授、张志宏教授等老师的指教和帮助，两位老师是我的学术领路人！

感谢汪六七、杨珊华、王富利、刘军、刘刚等师兄的关心与支持！

后 记

感谢陈峻博士、彭晨宸博士、姚爱琳、沈彦杰、袁梦、肖敏、何健健等课题组成员的通力合作与大力支持，尤其是陈峻博士和彭晨宸博士付出了特别的辛劳！

感谢莫晓鹏、王彪华、刘国强、刘磊、汪德华、周婀娜、傅绍正、李妮娜、齐晔等朋友的支持！

感谢中国财政经济出版社会计分社社长樊清玉女士的大力支持！

在国家哲学社会科学基金项目的支持下，本书以《财政研究》《审计研究》《税务研究》等刊物发表的论文为基础凝练而成。在此，感谢全国哲学社会科学工作办公室的支持！

我要特别感谢我的家人，感谢我的妻子谭志敏女士！我常年在外地工作，照顾小孩、赡养父母等重任都落在她的肩膀上。她默默奉献，无怨无悔，让我潜心向学。对妻子的感激之情难以言表！儿子已到舞勺之年，我为对儿子的成长与学习没有尽到为人父之责而深感愧疚！希望儿子继续健康成长，实现美好的人生梦想！感谢岳父和岳母多年来对我的大力支持！感谢父母的生养之恩和倾情关爱。我的父亲人生坎坷，用坚韧与隐忍战胜了生活中的磨难，激励我砥砺奋进！

祈愿上苍保佑我的家人、老师、同学、朋友安康、幸福！

杨旭东
2019 年 11 月 1 日于古城宝庆